KIRGISISCH
WORTSCHATZ

FÜR DAS SELBSTSTUDIUM

DEUTSCH
KIRGISISCH

Die nützlichsten Wörter
Zur Erweiterung Ihres Wortschatzes und
Verbesserung der Sprachfertigkeit

5000 Wörter

Wortschatz Deutsch-Kirgisisch für das Selbststudium - 5000 Wörter
Von Andrey Taranov

T&P Books Vokabelbücher sind dafür vorgesehen, beim Lernen einer Fremdsprache zu helfen, Wörter zu memorieren und zu wiederholen. Das Wörterbuch ist nach Themen aufgeteilt und deckt alle wichtigen Bereiche des täglichen Lebens, Berufs, Wissenschaft, Kultur etc. ab.

Durch das Benutzen der themenbezogenen T&P Books ergeben sich folgende Vorteile für den Lernprozess:

- Sachgemäß geordnete Informationen bestimmen den späteren Erfolg auf den darauffolgenden Stufen der Memorisierung
- Die Verfügbarkeit von Wörtern, die sich aus der gleichen Wurzel ableiten lassen, erlaubt die Memorisierung von Worteinheiten (mehr als bei einzeln stehenden Wörtern)
- Kleine Worteinheiten unterstützen den Aufbauprozess von assoziativen Verbindungen für die Festigung des Wortschatzes
- Die Kenntnis der Sprache kann aufgrund der Anzahl der gelernten Wörter eingeschätzt werden

Copyright © 2018 T&P Books Publishing

Alle Rechte vorbehalten. Auszüge dieses Buches dürfen nicht ohne schriftliche Erlaubnis des Herausgebers abgedruckt oder mit anderen elektronischen oder mechanischen Mitteln, einschließlich Photokopierung, Aufzeichnung oder durch Informationsspeicherung- und Rückgewinnungssysteme, oder in irgendeiner anderen Form verwendet werden.

T&P Books Publishing
www.tpbooks.com

ISBN: 978-1-78767-042-6

Dieses Buch ist auch im E-Book Format erhältlich.
Besuchen Sie uns auch auf www.tpbooks.com oder auf einer der bedeutenden Buchhandlungen online.

WORTSCHATZ DEUTSCH-KIRGISISCH
für das Selbststudium

Die Vokabelbücher von T&P Books sind dafür vorgesehen, Ihnen beim Lernen einer Fremdsprache zu helfen, Wörter zu memorieren und zu wiederholen. Der Wortschatz enthält über 5000 häufig gebrauchte, thematisch geordnete Wörter.

- Der Wortschatz enthält die am häufigsten benutzten Wörter
- Eignet sich als Ergänzung zu jedem Sprachkurs
- Erfüllt die Bedürfnisse von Anfängern und fortgeschrittenen Lernenden von Fremdsprachen
- Praktisch für den täglichen Gebrauch, zur Wiederholung und um sich selbst zu testen
- Ermöglicht es, Ihren Wortschatz einzuschätzen

Besondere Merkmale des Wortschatzes:

- Wörter sind entsprechend ihrer Bedeutung und nicht alphabetisch organisiert
- Wörter werden in drei Spalten präsentiert, um das Wiederholen und den Selbstüberprüfungsprozess zu erleichtern
- Wortgruppen werden in kleinere Einheiten aufgespalten, um den Lernprozess zu fördern
- Der Wortschatz bietet eine praktische und einfache Lautschrift jedes Wortes der Fremdsprache

Der Wortschatz hat 155 Themen, einschließlich:

Grundbegriffe, Zahlen, Farben, Monate, Jahreszeiten, Maßeinheiten, Kleidung und Accessoires, Essen und Ernährung, Restaurant, Familienangehörige, Verwandte, Charaktereigenschaften, Empfindungen, Gefühle, Krankheiten, Großstadt, Kleinstadt, Sehenswürdigkeiten, Einkaufen, Geld, Haus, Zuhause, Büro, Import & Export, Marketing, Arbeitssuche, Sport, Ausbildung, Computer, Internet, Werkzeug, Natur, Länder, Nationalitäten und vieles mehr...

INHALT

Leitfaden für die Aussprache	9
Abkürzungen	10

GRUNDBEGRIFFE 11
Grundbegriffe. Teil 1 11

1. Pronomen 11
2. Grüße. Begrüßungen. Verabschiedungen 11
3. Jemanden ansprechen 12
4. Grundzahlen. Teil 1 12
5. Grundzahlen. Teil 2 13
6. Ordnungszahlen 14
7. Zahlen. Brüche 14
8. Zahlen. Grundrechenarten 14
9. Zahlen. Verschiedenes 14
10. Die wichtigsten Verben. Teil 1 15
11. Die wichtigsten Verben. Teil 2 16
12. Die wichtigsten Verben. Teil 3 17
13. Die wichtigsten Verben. Teil 4 18
14. Farben 18
15. Fragen 19
16. Präpositionen 20
17. Funktionswörter. Adverbien. Teil 1 20
18. Funktionswörter. Adverbien. Teil 2 22

Grundbegriffe. Teil 2 24

19. Wochentage 24
20. Stunden. Tag und Nacht 24
21. Monate. Jahreszeiten 25
22. Maßeinheiten 27
23. Behälter 27

DER MENSCH 29
Der Mensch. Körper 29

24. Kopf 29
25. Menschlicher Körper 30

Kleidung & Accessoires 31

26. Oberbekleidung. Mäntel 31
27. Men's & women's clothing 31

28. Kleidung. Unterwäsche	32
29. Kopfbekleidung	32
30. Schuhwerk	32
31. Persönliche Accessoires	33
32. Kleidung. Verschiedenes	33
33. Kosmetikartikel. Kosmetik	34
34. Armbanduhren Uhren	35

Essen. Ernährung	**36**
35. Essen	36
36. Getränke	37
37. Gemüse	38
38. Obst. Nüsse	39
39. Brot. Süßigkeiten	40
40. Gerichte	40
41. Gewürze	41
42. Mahlzeiten	42
43. Gedeck	43
44. Restaurant	43

Familie, Verwandte und Freunde	**44**
45. Persönliche Informationen. Formulare	44
46. Familienmitglieder. Verwandte	44

Medizin	**46**
47. Krankheiten	46
48. Symptome. Behandlungen. Teil 1	47
49. Symptome. Behandlungen. Teil 2	48
50. Symptome. Behandlungen. Teil 3	49
51. Ärzte	50
52. Medizin. Medikamente. Accessoires	50

LEBENSRAUM DES MENSCHEN	**52**
Stadt	**52**
53. Stadt. Leben in der Stadt	52
54. Innerstädtische Einrichtungen	53
55. Schilder	54
56. Innerstädtischer Transport	55
57. Sehenswürdigkeiten	56
58. Shopping	57
59. Geld	58
60. Post. Postdienst	59

Wohnung. Haus. Zuhause	**60**
61. Haus. Elektrizität	60

62. Villa. Schloss	60
63. Wohnung	60
64. Möbel. Innenausstattung	61
65. Bettwäsche	62
66. Küche	62
67. Bad	63
68. Haushaltsgeräte	64

AKTIVITÄTEN DES MENSCHEN	**65**
Beruf. Geschäft. Teil 1	65
69. Büro. Arbeiten im Büro	65
70. Geschäftsabläufe. Teil 1	66
71. Geschäftsabläufe. Teil 2	67
72. Fertigung. Arbeiten	68
73. Vertrag. Zustimmung	69
74. Import & Export	70
75. Finanzen	70
76. Marketing	71
77. Werbung	72
78. Bankgeschäft	72
79. Telefon. Telefongespräche	73
80. Mobiltelefon	74
81. Bürobedarf	74
82. Geschäftsarten	74

Arbeit. Geschäft. Teil 2	**77**
83. Show. Ausstellung	77
84. Wissenschaft. Forschung. Wissenschaftler	78

Berufe und Tätigkeiten	**80**
85. Arbeitsuche. Kündigung	80
86. Geschäftsleute	80
87. Dienstleistungsberufe	81
88. Militärdienst und Ränge	82
89. Beamte. Priester	83
90. Landwirtschaftliche Berufe	83
91. Künstler	84
92. Verschiedene Berufe	84
93. Beschäftigung. Sozialstatus	86

Ausbildung	**87**
94. Schule	87
95. Hochschule. Universität	88
96. Naturwissenschaften. Fächer	89
97. Schrift Rechtschreibung	89
98. Fremdsprachen	90

Erholung. Unterhaltung. Reisen	92
99. Ausflug. Reisen	92
100. Hotel	92

TECHNISCHES ZUBEHÖR. TRANSPORT	94
Technisches Zubehör	94
101. Computer	94
102. Internet. E-Mail	95
103. Elektrizität	96
104. Werkzeug	96

Transport	99
105. Flugzeug	99
106. Zug	100
107. Schiff	101
108. Flughafen	102

Lebensereignisse	104
109. Feiertage. Ereignis	104
110. Bestattungen. Begräbnis	105
111. Krieg. Soldaten	105
112. Krieg. Militärische Aktionen. Teil 1	107
113. Krieg. Militärische Aktionen. Teil 2	108
114. Waffen	109
115. Menschen der Antike	111
116. Mittelalter	112
117. Führungspersonen. Chef. Behörden	113
118. Gesetzesverstoß Verbrecher. Teil 1	114
119. Gesetzesbruch. Verbrecher. Teil 2	115
120. Polizei Recht. Teil 1	116
121. Polizei. Recht. Teil 2	117

NATUR	119
Die Erde. Teil 1	119
122. Weltall	119
123. Die Erde	120
124. Himmelsrichtungen	121
125. Meer. Ozean	121
126. Namen der Meere und Ozeane	122
127. Berge	123
128. Namen der Berge	124
129. Flüsse	124
130. Namen der Flüsse	125
131. Wald	125
132. natürliche Lebensgrundlagen	126

Die Erde. Teil 2 128

133. Wetter 128
134. Unwetter Naturkatastrophen 129

Fauna 130

135. Säugetiere. Raubtiere 130
136. Tiere in freier Wildbahn 130
137. Haustiere 131
138. Vögel 132
139. Fische. Meerestiere 134
140. Amphibien Reptilien 134
141. Insekten 135

Flora 136

142. Bäume 136
143. Büsche 136
144. Obst. Beeren 137
145. Blumen. Pflanzen 138
146. Getreide, Körner 139

LÄNDER. NATIONALITÄTEN 140

147. Westeuropa 140
148. Mittel- und Osteuropa 140
149. Frühere UdSSR Republiken 141
150. Asien 141
151. Nordamerika 142
152. Mittel- und Südamerika 142
153. Afrika 143
154. Australien. Ozeanien 143
155. Städte 143

LEITFADEN FÜR DIE AUSSPRACHE

T&P phonetisches Alphabet	Kirgisisch Beispiel	Deutsch Beispiel
[a]	манжа [mandʒa]	schwarz
[e]	келечек [keletʃek]	Pferde
[i]	жигит [dʒigit]	ihr, finden
[ı]	кубаныч [kubanıtʃ]	Mitte
[o]	мактоо [maktoo]	orange
[u]	узундук [uzunduk]	kurz
[ʉ]	алюминий [alʉminij]	Verzeihung
[y]	түнкү [tynky]	über, dünn
[b]	ашкабак [aʃkabak]	Brille
[d]	адам [adam]	Detektiv
[dʒ]	жыгач [dʒıgatʃ]	Kambodscha
[f]	флейта [flejta]	fünf
[g]	тегерек [tegerek]	gelb
[j]	бөйрөк [bøjrøk]	Jacke
[k]	карапа [karapa]	Kalender
[l]	алтын [altın]	Juli
[m]	бешмант [beʃmant]	Mitte
[n]	найза [najza]	nicht
[ŋ]	булуң [buluŋ]	lang
[p]	пайдубал [pajdubal]	Polizei
[r]	рахмат [raχmat]	richtig
[s]	сагызган [sagızgan]	sein
[ʃ]	бурулуш [buruluʃ]	Chance
[t]	түтүн [tytyn]	still
[χ]	пахтадан [paχtadan]	Buch
[ts]	шприц [ʃprits]	Gesetz
[tʃ]	биринчи [birintʃi]	Matsch
[v]	квартал [kvartal]	November
[z]	казуу [kazuu]	sein
[ʲ]	руль, актёр [rulʲ, aktʲor]	Zeichen für die Palatalisierung
[ʰ]	объектив [obʰjektiv]	hartes Zeichen

ABKÜRZUNGEN
die im Vokabular verwendet werden

Deutsch. Abkürzungen

Adj	-	Adjektiv
Adv	-	Adverb
Amtsspr.	-	Amtssprache
f	-	Femininum
f, n	-	Femininum, Neutrum
Fem.	-	Femininum
m	-	Maskulinum
m, f	-	Maskulinum, Femininum
m, n	-	Maskulinum, Neutrum
Mask.	-	Maskulinum
n	-	Neutrum
pl	-	Plural
Sg.	-	Singular
ugs.	-	umgangssprachlich
unzähl.	-	unzählbar
usw.	-	und so weiter
v mod	-	Modalverb
vi	-	intransitives Verb
vi, vt	-	intransitives, transitives Verb
vt	-	transitives Verb
zähl.	-	zählbar
z.B.	-	zum Beispiel

GRUNDBEGRIFFE

Grundbegriffe. Teil 1

1. Pronomen

ich	мен, мага	men, maga
du	сен	sen
er, sie, es	ал	al
sie	алар	alar

2. Grüße. Begrüßungen. Verabschiedungen

Hallo! (ugs.)	Салам!	salam!
Hallo! (Amtsspr.)	Саламатсызбы!	salamatsızbı!
Guten Morgen!	Кутман таңыңыз менен!	kutman taŋıŋız menen!
Guten Tag!	Кутман күнүңүз менен!	kutman kynyŋyz menen!
Guten Abend!	Кутман кечиңиз менен!	kutman ketʃiŋiz menen!
grüßen (vi, vt)	учурашуу	utʃuraʃuu
Hallo! (ugs.)	Кандай!	kandaj!
Gruß (m)	салам	salam
begrüßen (vt)	саламдашуу	salamdaʃuu
Wie geht's?	Иштериң кандай?	iʃteriŋ kandaj?
Wie geht es Ihnen?	Иштериңиз кандай?	iʃteriŋiz kandaj?
Wie geht's dir?	Иштер кандай?	iʃter kandaj?
Was gibt es Neues?	Эмне жаңылык?	emne dʒaŋılık?
Auf Wiedersehen!	Көрүшкөнчө!	køryʃkøntʃø!
Bis bald!	Эмки жолукканга чейин!	emki dʒolukkanga tʃejin!
Lebe wohl!	Кош бол!	koʃ bol!
Leben Sie wohl!	Кош болуңуз!	koʃ boluŋuz!
sich verabschieden	коштошуу	koʃtoʃuu
Tschüs!	Жакшы кал!	dʒakʃı kal!
Danke!	Рахмат!	raxmat!
Dankeschön!	Чоң рахмат!	tʃoŋ raxmat!
Bitte (Antwort)	Эч нерсе эмес	etʃ nerse emes
Keine Ursache.	Алкышка арзыбайт	alkıʃka arzıbajt
Nichts zu danken.	Эчтеке эмес.	etʃteke emes
Entschuldige!	Кечир!	ketʃir!
Entschuldigung!	Кечирип коюңузчу!	ketʃirip kojuŋuztʃu!
entschuldigen (vt)	кечирүү	ketʃiryy
sich entschuldigen	кечирим суроо	ketʃirim suroo
Verzeihung!	Кечирим сурайм.	ketʃirim surajm.

Es tut mir leid!	Кечиресиз!	ketʃiresiz!
verzeihen (vt)	кечирүү	ketʃiryy
Das macht nichts!	Эч капачылык жок.	etʃ kapatʃılık dʒok
bitte (Die Rechnung, ~!)	суранам	suranam

Nicht vergessen!	Унутуп калбаңыз!	unutup kalbaŋız!
Natürlich!	Албетте!	albette!
Natürlich nicht!	Албетте жок!	albette dʒok!
Gut! Okay!	Макул!	makul!
Es ist genug!	Жетишет!	dʒetiʃet!

3. Jemanden ansprechen

Entschuldigen Sie!	Кечиресиз!	ketʃiresiz!
Herr	мырза	mırza
Frau	айым	ajım
Frau (Fräulein)	чоң кыз	tʃoŋ kız
Junger Mann	чоң жигит	tʃoŋ dʒigit
Junge	жаш бала	dʒaʃ bala
Mädchen	кызым	kızım

4. Grundzahlen. Teil 1

null	нөл	nøl
eins	бир	bir
zwei	эки	eki
drei	үч	ytʃ
vier	төрт	tørt

fünf	беш	beʃ
sechs	алты	altı
sieben	жети	dʒeti
acht	сегиз	segiz
neun	тогуз	toguz

zehn	он	on
elf	он бир	on bir
zwölf	он эки	on eki
dreizehn	он үч	on ytʃ
vierzehn	он төрт	on tørt

fünfzehn	он беш	on beʃ
sechzehn	он алты	on altı
siebzehn	он жети	on dʒeti
achtzehn	он сегиз	on segiz
neunzehn	он тогуз	on toguz

zwanzig	жыйырма	dʒıjırma
einundzwanzig	жыйырма бир	dʒıjırma bir
zweiundzwanzig	жыйырма эки	dʒıjırma eki
dreiundzwanzig	жыйырма үч	dʒıjırma ytʃ
dreißig	отуз	otuz

einunddreißig	отуз бир	otuz bir
zweiunddreißig	отуз эки	otuz eki
dreiunddreißig	отуз үч	otuz ytʃ
vierzig	кырк	kırk
zweiundvierzig	кырк эки	kırk eki
dreiundvierzig	кырк үч	kırk ytʃ
fünfzig	элүү	elyy
einundfünfzig	элүү бир	elyy bir
zweiundfünfzig	элүү эки	elyy eki
dreiundfünfzig	элүү үч	elyy ytʃ
sechzig	алтымыш	altımıʃ
einundsechzig	алтымыш бир	altımıʃ bir
zweiundsechzig	алтымыш эки	altımıʃ eki
dreiundsechzig	алтымыш үч	altımıʃ ytʃ
siebzig	жетимиш	dʒetimiʃ
einundsiebzig	жетимиш бир	dʒetimiʃ bir
zweiundsiebzig	жетимиш эки	dʒetimiʃ eki
dreiundsiebzig	жетимиш үч	dʒetimiʃ ytʃ
achtzig	сексен	seksen
einundachtzig	сексен бир	seksen bir
zweiundachtzig	сексен эки	seksen eki
dreiundachtzig	сексен үч	seksen ytʃ
neunzig	токсон	tokson
einundneunzig	токсон бир	tokson bir
zweiundneunzig	токсон эки	tokson eki
dreiundneunzig	токсон үч	tokson ytʃ

5. Grundzahlen. Teil 2

einhundert	бир жүз	bir dʒyz
zweihundert	эки жүз	eki dʒyz
dreihundert	үч жүз	ytʃ dʒyz
vierhundert	төрт жүз	tørt dʒyz
fünfhundert	беш жүз	beʃ dʒyz
sechshundert	алты жүз	altı dʒyz
siebenhundert	жети жүз	dʒeti dʒyz
achthundert	сегиз жүз	segiz dʒyz
neunhundert	тогуз жүз	toguz dʒyz
eintausend	бир миң	bir miŋ
zweitausend	эки миң	eki miŋ
dreitausend	үч миң	ytʃ miŋ
zehntausend	он миң	on miŋ
hunderttausend	жүз миң	dʒyz miŋ
Million (f)	миллион	million
Milliarde (f)	миллиард	milliard

6. Ordnungszahlen

der erste	биринчи	birintʃi
der zweite	экинчи	ekintʃi
der dritte	үчүнчү	ytʃyntʃy
der vierte	төртүнчү	tørtyntʃy
der fünfte	бешинчи	beʃintʃi
der sechste	алтынчы	altıntʃı
der siebte	жетинчи	dʒetintʃi
der achte	сегизинчи	segizintʃi
der neunte	тогузунчу	toguzuntʃu
der zehnte	онунчу	onuntʃu

7. Zahlen. Brüche

Bruch (m)	бөлчөк	bøltʃøk
Hälfte (f)	экиден бир	ekiden bir
Drittel (n)	үчтөн бир	ytʃtøn bir
Viertel (n)	төрттөн бир	tørttøn bir
Achtel (m, n)	сегизден бир	segizden bir
Zehntel (n)	тогуздан бир	toguzdan bir
zwei Drittel	үчтөн эки	ytʃtøn eki
drei Viertel	төрттөн үч	tørttøn ytʃ

8. Zahlen. Grundrechenarten

Subtraktion (f)	кемитүү	kemityy
subtrahieren (vt)	кемитүү	kemityy
Division (f)	бөлүү	bølyy
dividieren (vt)	бөлүү	bølyy
Addition (f)	кошуу	koʃuu
addieren (vt)	кошуу	koʃuu
hinzufügen (vt)	кошуу	koʃuu
Multiplikation (f)	көбөйтүү	købøjtyy
multiplizieren (vt)	көбөйтүү	købøjtyy

9. Zahlen. Verschiedenes

Ziffer (f)	санарип	sanarip
Zahl (f)	сан	san
Zahlwort (n)	сан атооч	san atootʃ
Minus (n)	кемитүү	kemityy
Plus (n)	плюс	plus
Formel (f)	формула	formula
Berechnung (f)	эсептөө	eseptøø
zählen (vt)	саноо	sanoo

berechnen (vt)	эсептөө	eseptøø
vergleichen (vt)	салыштыруу	salıʃtıruu

Wie viel, -e?	Канча?	kantʃa?
Summe (f)	жыйынтык	dʒıjıntık
Ergebnis (n)	натыйжа	natıjdʒa
Rest (m)	калдык	kaldık

einige (~ Tage)	бир нече	bir netʃe
wenig (Adv)	биртике	bir az
einige, ein paar	бир аз	bir az
wenig (es kostet ~)	кичине	kitʃine
Übrige (n)	калганы	kalganı
anderthalb	бир жарым	bir dʒarım
Dutzend (n)	он эки даана	on eki daana

entzwei (Adv)	тең экиге	teŋ ekige
zu gleichen Teilen	тең	teŋ
Hälfte (f)	жарым	dʒarım
Mal (n)	бир жолу	bir dʒolu

10. Die wichtigsten Verben. Teil 1

abbiegen (nach links ~)	бурулуу	buruluu
abschicken (vt)	жөнөтүү	dʒønøtyy
ändern (vt)	өзгөртүү	øzgørtyy
andeuten (vt)	четин чыгаруу	tʃetin tʃıgaruu
Angst haben	жазкануу	dʒazkanuu

ankommen (vi)	келүү	kelyy
antworten (vi)	жооп берүү	dʒoop beryy
arbeiten (vi)	иштөө	iʃtøø
auf ... zählen	... ишенүү	... iʃenyy
aufbewahren (vt)	сактоо	saktoo

aufschreiben (vt)	кагазга түшүрүү	kagazga tyʃyryy
ausgehen (vi)	чыгуу	tʃıguu
aussprechen (vt)	айтуу	ajtuu
bedauern (vt)	өкүнүү	økynyy
bedeuten (vt)	билдирүү	bildiryy
beenden (vt)	бүтүрүү	bytyryy

befehlen (Milit.)	буйрук кылуу	bujruk kıluu
befreien (Stadt usw.)	бошотуу	boʃotuu
beginnen (vt)	баштоо	baʃtoo
bemerken (vt)	байкоо	bajkoo
beobachten (vt)	байкоо салуу	bajkoo

berühren (vt)	тийүү	tijyy
besitzen (vt)	ээ болуу	ee boluu
besprechen (vt)	талкуулоо	talkuuloo
bestehen auf	көшөрүү	køʃøryy
bestellen (im Restaurant)	буйрутма кылуу	bujrutma kıluu
bestrafen (vt)	жазалоо	dʒazaloo

beten (vi)	дуба кылуу	duba kıluu
bitten (vt)	суроо	suroo
brechen (vt)	сындыруу	sındıruu
denken (vi, vt)	ойлоо	ojloo
drohen (vi)	коркутуу	korkutuu
Durst haben	суусап калуу	suusap kaluu
einladen (vt)	чакыруу	ʧakıruu
einstellen (vt)	токтотуу	toktotuu
einwenden (vt)	каршы болуу	karʃı boluu
empfehlen (vt)	сунуштоо	sunuʃtoo
erklären (vt)	түшүндүрүү	tyʃyndyryy
erlauben (vt)	уруксат берүү	uruksat beryy
ermorden (vt)	өлтүрүү	øltyryy
erwähnen (vt)	айтып өтүү	ajtıp øtyy
existieren (vi)	чыгуу	ʧıguu

11. Die wichtigsten Verben. Teil 2

fallen (vi)	жыгылуу	ʤıgıluu
fallen lassen	түшүрүп алуу	tyʃyryp aluu
fangen (vt)	кармоо	karmoo
finden (vt)	таап алуу	taap aluu
fliegen (vi)	учуу	uʧuu
folgen (Folge mir!)	… ээрчүү	… eerʧyy
fortsetzen (vt)	улантуу	ulantuu
fragen (vt)	суроо	suroo
frühstücken (vi)	эртең менен тамактануу	erteŋ menen tamaktanuu
geben (vt)	берүү	beryy
gefallen (vi)	жактыруу	ʤaktıruu
gehen (zu Fuß gehen)	жөө басуу	ʤøø basuu
gehören (vi)	таандык болуу	taandık boluu
graben (vt)	казуу	kazuu
haben (vt)	бар болуу	bar boluu
helfen (vi)	жардам берүү	ʤardam beryy
herabsteigen (vi)	ылдый түшүү	ıldıj tyʃyy
hereinkommen (vi)	кирүү	kiryy
hoffen (vi)	үмүттөнүү	ymyttønyy
hören (vt)	угуу	uguu
hungrig sein	ачка болуу	aʧka boluu
informieren (vt)	маалымат берүү	maalımat beryy
jagen (vi)	аңчылык кылуу	aŋʧılık kıluu
kennen (vt)	таануу	taanuu
klagen (vi)	арызлануу	arızdanuu
können (v mod)	жасай алуу	ʤasaj aluu
kontrollieren (vt)	башкаруу	baʃkaruu
kosten (vt)	туруу	turuu
kränken (vt)	кемсинтүү	kemsintyy

lächeln (vt)	жылмаюу	dʒılmadʒʉu
lachen (vi)	күлүү	kylyy
laufen (vi)	чуркоо	tʃurkoo
leiten (Betrieb usw.)	башкаруу	baʃkaruu
lernen (vt)	окуу	okuu
lesen (vi, vt)	окуу	okuu
lieben (vt)	сүйүү	syjyy
machen (vt)	кылуу	kıluu
mieten (Haus usw.)	батирге алуу	batirge aluu
nehmen (vt)	алуу	aluu
noch einmal sagen	кайталоо	kajtaloo
nötig sein	керек болуу	kerek boluu
öffnen (vt)	ачуу	atʃuu

12. Die wichtigsten Verben. Teil 3

planen (vt)	пландаштыруу	plandaʃtıruu
prahlen (vi)	мактануу	maktanuu
raten (vt)	кеңеш берүү	keŋeʃ beryy
rechnen (vt)	саноо	sanoo
reservieren (vt)	камдык буйрутмалоо	kamdık bujrutmaloo
retten (vt)	куткаруу	kutkaruu
richtig raten (vt)	жандырмагын табуу	dʒandırmagın tabuu
rufen (um Hilfe ~)	чакыруу	tʃakıruu
sagen (vt)	айтуу	ajtuu
schaffen (Etwas Neues zu ~)	жаратуу	dʒaratuu
schelten (vt)	урушуу	uruʃuu
schießen (vi)	атуу	atuu
schmücken (vt)	кооздоо	koozdoo
schreiben (vi, vt)	жазуу	dʒazuu
schreien (vi)	кыйкыруу	kıjkıruu
schweigen (vi)	унчукпоо	untʃukpoo
schwimmen (vi)	сүзүү	syzyy
schwimmen gehen	сууга түшүү	suuga tyʃyy
sehen (vi, vt)	көрүү	køryy
sein (vi)	болуу	boluu
sich beeilen	шашуу	ʃaʃuu
sich entschuldigen	кечирим суроо	ketʃirim suroo
sich interessieren	… кызыгуу	… kızıguu
sich irren	ката кетирүү	kata ketiryy
sich setzen	отуруу	oturuu
sich weigern	баш тартуу	baʃ tartuu
spielen (vi, vt)	ойноо	ojnoo
sprechen (vi)	сүйлөө	syjløø
staunen (vi)	таң калуу	taŋ kaluu
stehlen (vt)	уурдоо	uurdoo

stoppen (vt)	токтоо	toktoo
suchen (vt)	… издөө	… izdöö

13. Die wichtigsten Verben. Teil 4

täuschen (vt)	алдоо	aldoo
teilnehmen (vi)	катышуу	katıʃuu
übersetzen (Buch usw.)	которуу	kotoruu
unterschätzen (vt)	баалабоо	baalaboo
unterschreiben (vt)	кол коюу	kol kojuu
vereinigen (vt)	бириктирүү	biriktiryy
vergessen (vt)	унутуу	unutuu
vergleichen (vt)	салыштыруу	salıʃtıruu
verkaufen (vt)	сатуу	satuu
verlangen (vt)	талап кылуу	talap kıluu
versäumen (vt)	калтыруу	kaltıruu
versprechen (vt)	убада берүү	ubada beryy
verstecken (vt)	жашыруу	dʒaʃıruu
verstehen (vt)	түшүнүү	tyʃynyy
versuchen (vt)	аракет кылуу	araket kıluu
verteidigen (vt)	коргоо	korgoo
vertrauen (vi)	ишенүү	iʃenyy
verwechseln (vt)	адаштыруу	adaʃtıruu
verzeihen (vi, vt)	кечирүү	ketʃiryy
verzeihen (vt)	кечирүү	ketʃiryy
voraussehen (vt)	күтүү	kytyy
vorschlagen (vt)	сунуштоо	sunuʃtoo
vorziehen (vt)	артык көрүү	artık köryy
wählen (vt)	тандоо	tandoo
warnen (vt)	эскертүү	eskertyy
warten (vi)	күтүү	kytyy
weinen (vi)	ыйлоо	ıjloo
wissen (vt)	билүү	bilyy
Witz machen	тамашалоо	tamaʃaloo
wollen (vt)	каалоо	kaaloo
zahlen (vt)	төлөө	tölöö
zeigen (jemandem etwas)	көрсөтүү	körsötyy
zu Abend essen	кечки тамакты ичүү	ketʃki tamaktı itʃyy
zu Mittag essen	түштөнүү	tyʃtönyy
zubereiten (vt)	тамак бышыруу	tamak bıʃıruu
zustimmen (vi)	макул болуу	makul boluu
zweifeln (vi)	күмөн саноо	kymön sanoo

14. Farben

Farbe (f)	түс	tys
Schattierung (f)	кошумча түс	koʃumtʃa tys

Farbton (m)	кубулуу	kubuluu
Regenbogen (m)	күндүн кулагы	kyndyn kulagı
weiß	ак	ak
schwarz	кара	kara
grau	боз	boz
grün	жашыл	dʒaʃıl
gelb	сары	sarı
rot	кызыл	kızıl
blau	көк	køk
hellblau	көгүлтүр	køgyltyr
rosa	мала	mala
orange	кызгылт сары	kızgılt sarı
violett	сыя көк	sıja køk
braun	күрөң	kyrøŋ
golden	алтын түстүү	altın tystyy
silbrig	күмүш өңдүү	kymyʃ øŋdyy
beige	сары боз	sarı boz
cremefarben	саргылт	sargılt
türkis	бирюза	biruza
kirschrot	кочкул кызыл	kotʃkul kızıl
lila	кызгылт көгүш	kızgılt køgyʃ
himbeerrot	ачык кызыл	atʃık kızıl
hell	ачык	atʃık
dunkel	күңүрт	kyŋyrt
grell	ачык	atʃık
Farb- (z.B. -stifte)	түстүү	tystyy
Farb- (z.B. -film)	түстүү	tystyy
schwarz-weiß	ак-кара	ak-kara
einfarbig	бир өнчөй түстө	bir øntʃøj tystø
bunt	ар түрдүү түстө	ar tyrdyy tystø

15. Fragen

Wer?	Ким?	kim?
Was?	Эмне?	emne?
Wo?	Каерде?	kaerde?
Wohin?	Каяка?	kajaka?
Woher?	Каяктан?	kajaktan?
Wann?	Качан?	katʃan?
Wozu?	Эмне үчүн?	emne ytʃyn?
Warum?	Эмнеге?	emnege?
Wofür?	Кайсы керекке?	kajsı kerekke?
Wie?	Кандай?	kandaj?
Welcher?	Кайсы?	kajsı?
Wem?	Кимге?	kimge?
Über wen?	Ким жөнүндө?	kim dʒønyndø?

Wovon? (~ sprichst du?)	Эмне жөнүндө?	emne dʒønyndø?
Mit wem?	Ким менен?	kim menen?
Wie viel? Wie viele?	Канча?	kantʃa?
Wessen?	Кимдики?	kimdiki?
Wessen? (Fem.)	Кимдики?	kimdiki?
Wessen? (pl)	Кимдердики?	kimderdiki?

16. Präpositionen

mit (Frau ~ Katzen)	менен	menen
ohne (~ Dich)	-сыз, -сиз	-sız, -siz
nach (~ London)	... көздөй	... køzdøj
über (~ Geschäfte sprechen)	... жөнүндө	... dʒønyndø
vor (z.B. ~ acht Uhr)	... астында	... astında
vor (z.B. ~ dem Haus)	... алдында	... aldında
unter (~ dem Schirm)	... астында	... astında
über (~ dem Meeresspiegel)	... өйдө	... øjdø
auf (~ dem Tisch)	... үстүндө	... ystyndø
aus (z.B. ~ München)	-дан	-dan
aus (z.B. ~ Porzellan)	-дан	-dan
in (~ zwei Tagen)	... ичинде	... itʃinde
über (~ zaun)	... үстүнөн	... ystynøn

17. Funktionswörter. Adverbien. Teil 1

Wo?	Каерде?	kaerde?
hier	бул жерде	bul dʒerde
dort	тээтигил жакта	teetigil dʒakta
irgendwo	бир жерде	bir dʒerde
nirgends	эч жакта	etʃ dʒakta
an (bei)	... жанында	... dʒanında
am Fenster	терезенин жанында	terezenin dʒanında
Wohin?	Каяка?	kajaka?
hierher	бери	beri
dahin	нары	narı
von hier	бул жерден	bul dʒerden
von da	тигил жерден	tigil dʒerden
nah (Adv)	жакын	dʒakın
weit, fern (Adv)	алыс	alıs
in der Nähe von ...	... тегерегинде	... tegereginde
in der Nähe	жакын арада	dʒakın arada
unweit (~ unseres Hotels)	алыс эмес	alıs emes
link (Adj)	сол	sol
links (Adv)	сол жакта	sol dʒakta

nach links	солго	solgo
recht (Adj)	оң	oŋ
rechts (Adv)	оң жакта	oŋ dʒakta
nach rechts	оңго	oŋgo
vorne (Adv)	астыда	astıda
Vorder-	алдыңкы	aldıŋkı
vorwärts	алдыга	aldıga
hinten (Adv)	артында	artında
von hinten	артынан	artınan
rückwärts (Adv)	артка	artka
Mitte (f)	ортосу	ortosu
in der Mitte	ортосунда	ortosunda
seitlich (Adv)	капталында	kaptalında
überall (Adv)	бүт жерде	byt dʒerde
ringsherum (Adv)	айланасында	ajlanasında
von innen (Adv)	ичинде	itʃinde
irgendwohin (Adv)	бир жерде	bir dʒerde
geradeaus (Adv)	түз	tyz
zurück (Adv)	кайра	kajra
irgendwoher (Adv)	бир жерден	bir dʒerden
von irgendwo (Adv)	бир жактан	bir dʒaktan
erstens	биринчиден	birintʃiden
zweitens	экинчиден	ekintʃiden
drittens	үчүнчүдөн	ytʃyntʃydøn
plötzlich (Adv)	күтпөгөн жерден	kytpøgøn dʒerden
zuerst (Adv)	башында	baʃında
zum ersten Mal	биринчи жолу	birintʃi dʒolu
lange vor...	... алдында	... aldında
von Anfang an	башынан	baʃınan
für immer	түбөлүккө	tybølykkø
nie (Adv)	эч качан	etʃ katʃan
wieder (Adv)	кайра	kajra
jetzt (Adv)	эми	emi
oft (Adv)	көпчүлүк учурда	køptʃylyk utʃurda
damals (Adv)	анда	anda
dringend (Adv)	тезинен	tezinen
gewöhnlich (Adv)	көбүнчө	købyntʃø
übrigens, ...	баса, ...	basa, ...
möglicherweise (Adv)	мүмкүн	mymkyn
wahrscheinlich (Adv)	балким	balkim
vielleicht (Adv)	ыктымал	ıktımal
außerdem ...	андан тышкары, ...	andan tıʃkarı, ...
deshalb ...	ошондуктан ...	oʃonduktan ...
trotz ...	... карабастан	... karabastan
dank ...	... күчү менен	... kytʃy menen
was (~ ist denn?)	эмне	emne

das (~ ist alles)	эмне	emne
etwas	бир нерсе	bir nerse
irgendwas	бир нерсе	bir nerse
nichts	эч нерсе	etʃ nerse
wer (~ ist ~?)	ким	kim
jemand	кимдир бирөө	kimdir biröö
irgendwer	бирөө жарым	biröö dʒarım
niemand	эч ким	etʃ kim
nirgends	эч жака	etʃ dʒaka
niemandes (~ Eigentum)	эч кимдики	etʃ kimdiki
jemandes	бирөөнүкү	biröönyky
so (derart)	эми	emi
auch	ошондой эле	oʃondoj ele
ebenfalls	дагы	dagı

18. Funktionswörter. Adverbien. Teil 2

Warum?	Эмнеге?	emnege?
aus irgendeinem Grund	эмнегедир	emnegedir
weil ...	... себептен	... sebepten
zu irgendeinem Zweck	эмне үчүндүр	emne ytʃyndyr
und	жана	dʒana
oder	же	dʒe
aber	бирок	birok
für (präp)	үчүн	ytʃyn
zu (~ viele)	өтө эле	øtø ele
nur (~ einmal)	азыр эле	azır ele
genau (Adv)	так	tak
etwa	болжол менен	boldʒol menen
ungefähr (Adv)	болжол менен	boldʒol menen
ungefähr (Adj)	болжолдуу	boldʒolduu
fast	дээрлик	deerlik
Übrige (n)	калганы	kalganı
der andere	башка	baʃka
andere	башка бөлөк	baʃka bøløk
jeder (~ Mann)	ар бири	ar biri
beliebig (Adj)	баардык	baardık
viel	көп	køp
viele Menschen	көбү	køby
alle (wir ~)	баары	baarı
im Austausch gegen ...	... алмашуу	... almaʃuu
dafür (Adv)	ордуна	orduna
mit der Hand (Hand-)	колго	kolgo
schwerlich (Adv)	ишенүүгө болбойт	iʃenyygø bolbojt
wahrscheinlich (Adv)	балким	balkim
absichtlich (Adv)	атайын	atajın

zufällig (Adv)	кокустан	kokustan
sehr (Adv)	аябай	ajabaj
zum Beispiel	мисалы	misalı
zwischen	ортосунда	ortosunda
unter (Wir sind ~ Mördern)	арасында	arasında
so viele (~ Ideen)	ошончо	oʃontʃo
besonders (Adv)	өзгөчө	øzgøtʃø

Grundbegriffe. Teil 2

19. Wochentage

Montag (m)	дүйшөмбү	dyjʃømby
Dienstag (m)	шейшемби	ʃejʃembi
Mittwoch (m)	шаршемби	ʃarʃembi
Donnerstag (m)	бейшемби	bejʃembi
Freitag (m)	жума	dʒuma
Samstag (m)	ишенби	iʃenbi
Sonntag (m)	жекшемби	dʒekʃembi
heute	бүгүн	bygyn
morgen	эртең	erteŋ
übermorgen	бирсүгүнү	birsygyny
gestern	кечээ	ketʃee
vorgestern	мурда күнү	murda kyny
Tag (m)	күн	kyn
Arbeitstag (m)	иш күнү	iʃ kyny
Feiertag (m)	майрам күнү	majram kyny
freier Tag (m)	дем алыш күн	dem alıʃ kyn
Wochenende (n)	дем алыш күндөр	dem alıʃ kyndør
den ganzen Tag	күнү бою	kyny boju
am nächsten Tag	кийинки күнү	kijinki kyny
zwei Tage vorher	эки күн мурун	eki kyn murun
am Vortag	жакында	dʒakında
täglich (Adj)	күндө	kyndø
täglich (Adv)	күн сайын	kyn sajın
Woche (f)	жума	dʒuma
letzte Woche	өткөн жумада	øtkøn dʒumada
nächste Woche	келаткан жумада	kelatkan dʒumada
wöchentlich (Adj)	жума сайын	dʒuma sajın
wöchentlich (Adv)	жума сайын	dʒuma sajın
zweimal pro Woche	жумасына эки жолу	dʒumasına eki dʒolu
jeden Dienstag	ар шейшемби	ar ʃejʃembi

20. Stunden. Tag und Nacht

Morgen (m)	таң	taŋ
morgens	эртең менен	erteŋ menen
Mittag (m)	жарым күн	dʒarım kyn
nachmittags	түштөн кийин	tyʃtøn kijin
Abend (m)	кеч	ketʃ
abends	кечинде	ketʃinde

Nacht (f)	түн	tyn
nachts	түндө	tyndø
Mitternacht (f)	жарым түн	dʒarım tyn

Sekunde (f)	секунда	sekunda
Minute (f)	мүнөт	mynøt
Stunde (f)	саат	saat
eine halbe Stunde	жарым саат	dʒarım saat
Viertelstunde (f)	чейрек саат	tʃejrek saat
fünfzehn Minuten	он беш мүнөт	on beʃ mynøt
Tag und Nacht	сутка	sutka

Sonnenaufgang (m)	күндүн чыгышы	kyndyn tʃıgıʃı
Morgendämmerung (f)	таң агаруу	taŋ agaruu
früher Morgen (m)	таң эрте	taŋ erte
Sonnenuntergang (m)	күн батуу	kyn batuu

früh am Morgen	таң эрте	taŋ erte
heute Morgen	бүгүн эртең менен	bygyn erteŋ menen
morgen früh	эртең эртең менен	erteŋ erteŋ menen

heute Mittag	күндүзү	kyndyzy
nachmittags	түштөн кийин	tyʃtøn kijin
morgen Nachmittag	эртең түштөн кийин	erteŋ tyʃtøn kijin

| heute Abend | бүгүн кечинде | bygyn ketʃinde |
| morgen Abend | эртең кечинде | erteŋ ketʃinde |

Punkt drei Uhr	туура саат үчтө	tuura saat ytʃtø
gegen vier Uhr	болжол менен төрт саат	boldʒol menen tørt saat
um zwölf Uhr	саат он экиде	saat on ekide

in zwanzig Minuten	жыйырма мүнөттөн кийин	dʒıjırma mynøttøn kijin
in einer Stunde	бир сааттан кийин	bir saattan kijin
rechtzeitig (Adv)	өз убагында	øz ubagında

Viertel vor ...	... он беш мүнөт калды	... on beʃ mynøt kaldı
innerhalb einer Stunde	бир сааттын ичинде	bir saattın itʃinde
alle fünfzehn Minuten	он беш мүнөт сайын	on beʃ mynøt sajın
Tag und Nacht	бир сутка бою	bir sutka boju

21. Monate. Jahreszeiten

Januar (m)	январь	janvarʲ
Februar (m)	февраль	fevralʲ
März (m)	март	mart
April (m)	апрель	aprelʲ
Mai (m)	май	maj
Juni (m)	июнь	ijunʲ

Juli (m)	июль	ijulʲ
August (m)	август	avgust
September (m)	сентябрь	sentʲabrʲ
Oktober (m)	октябрь	oktʲabrʲ

November (m)	ноябрь	nojabrʲ
Dezember (m)	декабрь	dekabrʲ

Frühling (m)	жаз	dʒaz
im Frühling	жазында	dʒazında
Frühlings-	жазгы	dʒazgı

Sommer (m)	жай	dʒaj
im Sommer	жайында	dʒajında
Sommer-	жайкы	dʒajkı

Herbst (m)	күз	kyz
im Herbst	күзүндө	kyzyndø
Herbst-	күздүк	kyzdyk

Winter (m)	кыш	kıʃ
im Winter	кышында	kıʃında
Winter-	кышкы	kıʃkı

Monat (m)	ай	aj
in diesem Monat	ушул айда	uʃul ajda
nächsten Monat	кийинки айда	kijinki ajda
letzten Monat	өткөн айда	øtkøn ajda
vor einem Monat	бир ай мурун	bir aj murun
über eine Monat	бир айдан кийин	bir ajdan kijin
in zwei Monaten	эки айдан кийин	eki ajdan kijin
den ganzen Monat	толук бир ай	toluk bir aj

monatlich (Adj)	ай сайын	aj sajın
monatlich (Adv)	ай сайын	aj sajın
jeden Monat	ар бир айда	ar bir ajda
zweimal pro Monat	айына эки жолу	ajına eki dʒolu

Jahr (n)	жыл	dʒıl
dieses Jahr	бул жылы	bul dʒılı
nächstes Jahr	келаткан жылы	kelatkan dʒılı
voriges Jahr	өткөн жылы	øtkøn dʒılı

vor einem Jahr	бир жыл мурун	bir dʒıl murun
in einem Jahr	бир жылдан кийин	bir dʒıldan kijin
in zwei Jahren	эки жылдан кийин	eki dʒıldan kijin
das ganze Jahr	толук бир жыл	toluk bir dʒıl

jedes Jahr	ар жыл сайын	ar dʒıl sajın
jährlich (Adj)	жыл сайын	dʒıl sajın
jährlich (Adv)	жыл сайын	dʒıl sajın
viermal pro Jahr	жылына төрт жолу	dʒılına tørt dʒolu

Datum (heutige ~)	число	tʃislo
Datum (Geburts-)	күн	kyn
Kalender (m)	календарь	kalendarʲ

ein halbes Jahr	жарым жыл	dʒarım dʒıl
Halbjahr (n)	жарым чейрек	dʒarım tʃejrek
Saison (f)	мезгил	mezgil
Jahrhundert (n)	кылым	kılım

22. Maßeinheiten

Gewicht (n)	салмак	salmak
Länge (f)	узундук	uzunduk
Breite (f)	жазылык	dʒazılık
Höhe (f)	бийиктик	bijiktik
Tiefe (f)	тереңдик	tereŋdik
Volumen (n)	көлөм	køløm
Fläche (f)	аянт	ajant
Gramm (n)	грамм	gramm
Milligramm (n)	миллиграмм	milligramm
Kilo (n)	килограмм	kilogramm
Tonne (f)	тонна	tonna
Pfund (n)	фунт	funt
Unze (f)	унция	untsija
Meter (m)	метр	metr
Millimeter (m)	миллиметр	millimetr
Zentimeter (m)	сантиметр	santimetr
Kilometer (m)	километр	kilometr
Meile (f)	миля	milʲa
Zoll (m)	дюйм	dʉjm
Fuß (m)	фут	fut
Yard (n)	ярд	jard
Quadratmeter (m)	квадраттык метр	kvadrattık metr
Hektar (n)	гектар	gektar
Liter (m)	литр	litr
Grad (m)	градус	gradus
Volt (n)	вольт	volʲt
Ampere (n)	ампер	amper
Pferdestärke (f)	ат күчү	at kytʃy
Anzahl (f)	саны	sanı
etwas …	… бир аз	… bir az
Hälfte (f)	жарым	dʒarım
Dutzend (n)	он эки даана	on eki daana
Stück (n)	даана	daana
Größe (f)	чоңдук	tʃoŋduk
Maßstab (m)	өлчөмчен	øltʃømtʃen
minimal (Adj)	минималдуу	minimalduu
der kleinste	эң кичинекей	eŋ kitʃinekej
mittler, mittel-	орточо	ortotʃo
maximal (Adj)	максималдуу	maksimalduu
der größte	эң чоң	eŋ tʃoŋ

23. Behälter

Glas (Einmachglas)	банка	banka
Dose (z.B. Bierdose)	банка	banka

Eimer (m)	чака	tʃaka
Fass (n), Tonne (f)	бочка	botʃka
Waschschüssel (n)	дагара	dagara
Tank (m)	бак	bak
Flachmann (m)	фляжка	flʲadʒka
Kanister (m)	канистра	kanistra
Zisterne (f)	цистерна	tsısterna
Kaffeebecher (m)	кружка	krudʒka
Tasse (f)	чөйчөк	tʃøjtʃøk
Untertasse (f)	табак	tabak
Wasserglas (n)	ыстакан	ıstakan
Weinglas (n)	бокал	bokal
Kochtopf (m)	мискей	miskej
Flasche (f)	бөтөлкө	bøtølkø
Flaschenhals (m)	оозу	oozu
Karaffe (f)	графин	grafin
Tonkrug (m)	кумура	kumura
Gefäß (n)	идиш	idiʃ
Tontopf (m)	карапа	karapa
Vase (f)	ваза	vaza
Flakon (n)	флакон	flakon
Fläschchen (n)	кичине бөтөлкө	kitʃine bøtølkø
Tube (z.B. Zahnpasta)	тюбик	tubik
Sack (~ Kartoffeln)	кап	kap
Tüte (z.B. Plastiktüte)	пакет	paket
Schachtel (f) (z.B. Zigaretten~)	пачке	patʃke
Karton (z.B. Schuhkarton)	куту	kutu
Kiste (z.B. Bananenkiste)	үкөк	ykøk
Korb (m)	себет	sebet

DER MENSCH

Der Mensch. Körper

24. Kopf

Kopf (m)	баш	baʃ
Gesicht (n)	бет	bet
Nase (f)	мурун	murun
Mund (m)	ооз	ooz
Auge (n)	көз	køz
Augen (pl)	көздөр	køzdør
Pupille (f)	карек	karek
Augenbraue (f)	каш	kaʃ
Wimper (f)	кирпик	kirpik
Augenlid (n)	кабак	kabak
Zunge (f)	тил	til
Zahn (m)	тиш	tiʃ
Lippen (pl)	эриндер	erinder
Backenknochen (pl)	бет сөөгү	bet søøgy
Zahnfleisch (n)	тиш эти	tiʃ eti
Gaumen (m)	таңдай	taŋdaj
Nasenlöcher (pl)	мурун тешиги	murun teʃigi
Kinn (n)	ээк	eek
Kiefer (m)	жаак	dʒaak
Wange (f)	бет	bet
Stirn (f)	чеке	tʃeke
Schläfe (f)	чыкый	tʃɪkɨj
Ohr (n)	кулак	kulak
Nacken (m)	желке	dʒelke
Hals (m)	моюн	mojʉn
Kehle (f)	тамак	tamak
Haare (pl)	чач	tʃatʃ
Frisur (f)	чач жасоо	tʃatʃ dʒasoo
Haarschnitt (m)	чач кыркуу	tʃatʃ kɪrkuu
Perücke (f)	парик	parik
Schnurrbart (m)	мурут	murut
Bart (m)	сакал	sakal
haben (einen Bart ~)	мурут коюу	murut kojʉu
Zopf (m)	өрүм чач	ørym tʃatʃ
Backenbart (m)	бакенбарда	bakenbarda
rothaarig	сары	sarɨ
grau	ак чачтуу	ak tʃatʃtuu

kahl	таз	taz
Glatze (f)	кашка	kaʃka
Pferdeschwanz (m)	куйрук	kujruk
Pony (Ponyfrisur)	көкүл	køkyl

25. Menschlicher Körper

Hand (f)	беш манжа	beʃ mandʒa
Arm (m)	кол	kol
Finger (m)	манжа	mandʒa
Zehe (f)	манжа	mandʒa
Daumen (m)	бармак	barmak
kleiner Finger (m)	чыпалак	tʃɪpalak
Nagel (m)	тырмак	tɪrmak
Faust (f)	муштум	muʃtum
Handfläche (f)	алакан	alakan
Handgelenk (n)	билек	bilek
Unterarm (m)	каруу	karuu
Ellbogen (m)	чыканак	tʃɪkanak
Schulter (f)	ийин	ijin
Bein (n)	бут	but
Fuß (m)	таман	taman
Knie (n)	тизе	tize
Wade (f)	балтыр	baltɪr
Hüfte (f)	сан	san
Ferse (f)	согончок	sogontʃok
Körper (m)	дене	dene
Bauch (m)	курсак	kursak
Brust (f)	төш	tøʃ
Busen (m)	эмчек	emtʃek
Seite (f), Flanke (f)	каптал	kaptal
Rücken (m)	арка жон	arka dʒon
Kreuz (n)	бел	bel
Taille (f)	бел	bel
Nabel (m)	киндик	kindik
Gesäßbacken (pl)	жамбаш	dʒambaʃ
Hinterteil (n)	көчүк	køtʃyk
Leberfleck (m)	мең	meŋ
Muttermal (n)	кал	kal
Tätowierung (f)	татуировка	tatuirovka
Narbe (f)	тырык	tɪrɪk

Kleidung & Accessoires

26. Oberbekleidung. Mäntel

Kleidung (f)	кийим	kijim
Oberkleidung (f)	үстүңкү кийим	ystyŋky kijim
Winterkleidung (f)	кышкы кийим	kıʃkı kijim

Mantel (m)	пальто	palʲto
Pelzmantel (m)	тон	ton
Pelzjacke (f)	чолок тон	tʃolok ton
Daunenjacke (f)	мамык олпок	mamık olpok

Jacke (z.B. Lederjacke)	күрмө	kyrmø
Regenmantel (m)	плащ	plaʃtʃ
wasserdicht	суу өткүс	suu øtkys

27. Men's & women's clothing

Hemd (n)	көйнөк	køjnøk
Hose (f)	шым	ʃım
Jeans (pl)	джинсы	dʒinsı
Jackett (n)	бешмант	beʃmant
Anzug (m)	костюм	kostɥm

Damenkleid (n)	көйнөк	køjnøk
Rock (m)	юбка	jɥbka
Bluse (f)	блузка	bluzka
Strickjacke (f)	кофта	kofta
Jacke (Damen Kostüm)	кыска бешмант	kıska beʃmant

T-Shirt (n)	футболка	futbolka
Shorts (pl)	чолок шым	tʃolok ʃım
Sportanzug (m)	спорт кийими	sport kijimi
Bademantel (m)	халат	χalat
Schlafanzug (m)	пижама	pidʒama

Sweater (m)	свитер	sviter
Pullover (m)	пуловер	pulover

Weste (f)	жилет	dʒilet
Frack (m)	фрак	frak
Smoking (m)	смокинг	smoking

Uniform (f)	форма	forma
Arbeitskleidung (f)	жумуш кийим	dʒumuʃ kijim
Overall (m)	комбинезон	kombinezon
Kittel (z.B. Arztkittel)	халат	χalat

28. Kleidung. Unterwäsche

Unterwäsche (f)	ич кийим	itʃ kijim
Herrenslip (m)	эркектер чолок дамбалы	erkekter tʃolok dambalı
Damenslip (m)	аялдар трусиги	ajaldar trusigi
Unterhemd (n)	майка	majka
Socken (pl)	байпак	bajpak
Nachthemd (n)	жатаарда кийүүчү көйнөк	dʒataarda kijyytʃy køjnøk
Büstenhalter (m)	бюстгальтер	bʉstgalʲter
Kniestrümpfe (pl)	гольфы	golʲfı
Strumpfhose (f)	колготки	kolgotki
Strümpfe (pl)	байпак	bajpak
Badeanzug (m)	купальник	kupalʲnik

29. Kopfbekleidung

Mütze (f)	топу	topu
Filzhut (m)	шляпа	ʃlʲapa
Baseballkappe (f)	бейсболка	bejsbolka
Schiebermütze (f)	кепка	kepka
Baskenmütze (f)	берет	beret
Kapuze (f)	капюшон	kapʉʃon
Panamahut (m)	панамка	panamka
Strickmütze (f)	токулган шапка	tokulgan ʃapka
Kopftuch (n)	жоолук	dʒooluk
Damenhut (m)	шляпа	ʃlʲapa
Schutzhelm (m)	каска	kaska
Feldmütze (f)	пилотка	pilotka
Helm (z.B. Motorradhelm)	шлем	ʃlem
Melone (f)	котелок	kotelok
Zylinder (m)	цилиндр	tsılindr

30. Schuhwerk

Schuhe (pl)	бут кийим	but kijim
Stiefeletten (pl)	ботинка	botinka
Halbschuhe (pl)	туфли	tufli
Stiefel (pl)	өтүк	øtyk
Hausschuhe (pl)	тапочка	tapotʃka
Tennisschuhe (pl)	кроссовка	krossovka
Leinenschuhe (pl)	кеды	kedı
Sandalen (pl)	сандалии	sandalii
Schuster (m)	өтүкчү	øtyktʃy
Absatz (m)	така	taka

Paar (n)	түгөй	tygøj
Schnürsenkel (m)	боо	boo
schnüren (vt)	боолоо	booloo
Schuhlöffel (m)	кашык	kaʃık
Schuhcreme (f)	өтүк май	øtyk maj

31. Persönliche Accessoires

Handschuhe (pl)	колкап	kolkap
Fausthandschuhe (pl)	мээлей	meelej
Schal (Kaschmir-)	моюн орогуч	mojʉn oroguʧ

Brille (f)	көз айнек	køz ajnek
Brillengestell (n)	алкак	alkak
Regenschirm (m)	чатырча	ʧatırʧa
Spazierstock (m)	аса таяк	asa tajak
Haarbürste (f)	тарак	tarak
Fächer (m)	желпингич	ʤelpingiʧ

Krawatte (f)	галстук	galstuk
Fliege (f)	галстук-бабочка	galstuk-baboʧka
Hosenträger (pl)	шым тарткыч	ʃım tartkıʧ
Taschentuch (n)	бетаарчы	betaarʧı

Kamm (m)	тарак	tarak
Haarspange (f)	чачсайгы	ʧaʧsajgı
Haarnadel (f)	шпилька	ʃpilʲka
Schnalle (f)	таралга	taralga

| Gürtel (m) | кайыш кур | kajıʃ kur |
| Umhängegurt (m) | илгич | ilgiʧ |

Tasche (f)	колбаштык	kolbaʃtık
Handtasche (f)	кичине колбаштык	kiʧine kolbaʃtık
Rucksack (m)	жонбаштык	ʤonbaʃtık

32. Kleidung. Verschiedenes

Mode (f)	мода	moda
modisch	саркеч	sarkeʧ
Modedesigner (m)	модельер	modeljer

Kragen (m)	жака	ʤaka
Tasche (f)	чөнтөк	ʧøntøk
Taschen-	чөнтөк	ʧøntøk
Ärmel (m)	жең	ʤeŋ
Aufhänger (m)	илгич	ilgiʧ
Hosenschlitz (m)	ширинка	ʃirinka

Reißverschluss (m)	молния	molnija
Verschluss (m)	топчулук	topʧuluk
Knopf (m)	топчу	topʧu

| Knopfloch (n) | илмек | ilmek |
| abgehen (Knopf usw.) | үзүлүү | yzylyy |

nähen (vi, vt)	тигүү	tigyy
sticken (vt)	сайма сают	sajma sajuu
Stickerei (f)	сайма	sajma
Nadel (f)	ийне	ijne
Faden (m)	жип	dʒip
Naht (f)	тигиш	tigiʃ

sich beschmutzen	булгап алуу	bulgap aluu
Fleck (m)	так	tak
sich knittern	бырышып калуу	bırıʃıp kaluu
zerreißen (vt)	айрылуу	ajrıluu
Motte (f)	күбө	kybø

33. Kosmetikartikel. Kosmetik

Zahnpasta (f)	тиш пастасы	tiʃ pastası
Zahnbürste (f)	тиш щёткасы	tiʃ ʃtʃotkası
Zähne putzen	тиш жуу	tiʃ dʒuu

Rasierer (m)	устара	ustara
Rasiercreme (f)	кырынуу үчүн көбүк	kırınuu ytʃyn købyk
sich rasieren	кырынуу	kırınuu

| Seife (f) | самын | samın |
| Shampoo (n) | шампунь | ʃampunʲ |

Schere (f)	кайчы	kajtʃı
Nagelfeile (f)	тырмак өгөө	tırmak øgøø
Nagelzange (f)	тырмак кычкачы	tırmak kıtʃkatʃı
Pinzette (f)	искек	iskek

Kosmetik (f)	упа-эндик	upa-endik
Gesichtsmaske (f)	маска	maska
Maniküre (f)	маникюр	manikʉr
Maniküre machen	маникюр жасоо	manikdʒʉr dʒasoo
Pediküre (f)	педикюр	pedikʉr

Kosmetiktasche (f)	косметичка	kosmetitʃka
Puder (m)	упа	upa
Puderdose (f)	упа кутусу	upa kutusu
Rouge (n)	эндик	endik

Parfüm (n)	атыр	atır
Duftwasser (n)	туалет атыр суусу	tualet atır suusu
Lotion (f)	лосьон	losʲon
Kölnischwasser (n)	одеколон	odekolon

Lidschatten (m)	көз боёгу	køz bojogu
Kajalstift (m)	көз карандашы	køz karandaʃı
Wimperntusche (f)	кирпик үчүн боек	kirpik ytʃyn boek
Lippenstift (m)	эрин помадасы	erin pomadası

Nagellack (m)	тырмак үчүн лак	tırmak ytʃyn lak
Haarlack (m)	чач үчүн лак	tʃatʃ ytʃyn lak
Deodorant (n)	дезодорант	dezodorant

Creme (f)	крем	krem
Gesichtscreme (f)	бетмай	betmaj
Handcreme (f)	кол үчүн май	kol ytʃyn maj
Anti-Falten-Creme (f)	бырыштарга каршы бет май	bırıʃtarga karʃı bet maj
Tagescreme (f)	күндүзгү бет май	kyndyzgy bet maj
Nachtcreme (f)	түнкү бет май	tynky bet maj
Tages-	күндүзгү	kyndyzgy
Nacht-	түнкү	tynky

Tampon (m)	тампон	tampon
Toilettenpapier (n)	даарат кагазы	daarat kagazı
Föhn (m)	фен	fen

34. Armbanduhren Uhren

Armbanduhr (f)	кол саат	kol saat
Zifferblatt (n)	циферблат	tsıferblat
Zeiger (m)	жебе	dʒebe
Metallarmband (n)	браслет	braslet
Uhrenarmband (n)	кайыш кур	kajıʃ kur

Batterie (f)	батарейка	batarejka
verbraucht sein	зарядканын түгөнүүсү	zarʲadkanın tygønyysy
die Batterie wechseln	батарейка алмаштыруу	batarejka almaʃtıruu
vorgehen (vi)	алдыга кетүү	aldıga ketyy
nachgehen (vi)	калуу	kaluu

Wanduhr (f)	дубалга тагуучу саат	dubalga taguutʃu saat
Sanduhr (f)	кум саат	kum saat
Sonnenuhr (f)	күн саат	kyn saat
Wecker (m)	ойготкуч саат	ojgotkutʃ saat
Uhrmacher (m)	саат устасы	saat ustası
reparieren (vt)	оңдоо	oŋdoo

Essen. Ernährung

35. Essen

Deutsch	Kirgisisch	Transkription
Fleisch (n)	эт	et
Hühnerfleisch (n)	тоок	took
Küken (n)	балапан	balapan
Ente (f)	өрдөк	ørdøk
Gans (f)	каз	kaz
Wild (n)	илбээсин	ilbeesin
Pute (f)	күрп	kyrp
Schweinefleisch (n)	чочко эти	tʃotʃko eti
Kalbfleisch (n)	торпок эти	torpok eti
Hammelfleisch (n)	кой эти	koj eti
Rindfleisch (n)	уй эти	uj eti
Kaninchenfleisch (n)	коен	koen
Wurst (f)	колбаса	kolbasa
Würstchen (n)	сосиска	sosiska
Schinkenspeck (m)	бекон	bekon
Schinken (m)	ветчина	vettʃina
Räucherschinken (m)	сан эт	san et
Pastete (f)	паштет	paʃtet
Leber (f)	боор	boor
Hackfleisch (n)	фарш	farʃ
Zunge (f)	тил	til
Ei (n)	жумуртка	dʒumurtka
Eier (pl)	жумурткалар	dʒumurtkalar
Eiweiß (n)	жумурттканын агы	dʒumurtkanın agı
Eigelb (n)	жумурттканын сарысы	dʒumurtkanın sarısı
Fisch (m)	балык	balık
Meeresfrüchte (pl)	деңиз азыктары	deŋiz azıktarı
Krebstiere (pl)	рак сыяктуулар	rak sıjaktuular
Kaviar (m)	урук	uruk
Krabbe (f)	краб	krab
Garnele (f)	креветка	krevetka
Auster (f)	устрица	ustritsa
Languste (f)	лангуст	langust
Krake (m)	сегиз бут	segiz but
Kalmar (m)	кальмар	kalʲmar
Störfleisch (n)	осетрина	osetrina
Lachs (m)	лосось	lososʲ
Heilbutt (m)	палтус	paltus
Dorsch (m)	треска	treska

Makrele (f)	скумбрия	skumbrija
Tunfisch (m)	тунец	tunets
Aal (m)	угорь	ugorʲ
Forelle (f)	форель	forelʲ
Sardine (f)	сардина	sardina
Hecht (m)	чортон	tʃorton
Hering (m)	сельдь	selʲdʲ
Brot (n)	нан	nan
Käse (m)	сыр	sır
Zucker (m)	кум шекер	kum-ʃeker
Salz (n)	туз	tuz
Reis (m)	куруч	kyrytʃ
Teigwaren (pl)	макарон	makaron
Nudeln (pl)	кесме	kesme
Butter (f)	ак май	ak maj
Pflanzenöl (n)	өсүмдүк майы	øsymdyk majı
Sonnenblumenöl (n)	күн карама майы	kyn karama majı
Margarine (f)	маргарин	margarin
Oliven (pl)	зайтун	zajtun
Olivenöl (n)	зайтун майы	zajtun majı
Milch (f)	сүт	syt
Kondensmilch (f)	коютулган сүт	kojutulgan syt
Joghurt (m)	йогурт	jogurt
saure Sahne (f)	сметана	smetana
Sahne (f)	каймак	kajmak
Mayonnaise (f)	майонез	majonez
Buttercreme (f)	крем	krem
Grütze (f)	акшак	akʃak
Mehl (n)	ун	un
Konserven (pl)	консерва	konserva
Maisflocken (pl)	жарылган жүгөрү	dʒarılgan dʒygøry
Honig (m)	бал	bal
Marmelade (f)	джем, конфитюр	dʒem, konfitʉr
Kaugummi (m, n)	сагыз	sagız

36. Getränke

Wasser (n)	суу	suu
Trinkwasser (n)	ичүүчү суу	itʃyytʃy suu
Mineralwasser (n)	минерал суусу	mineral suusu
still	газсыз	gazsız
mit Kohlensäure	газдалган	gazdalgan
mit Gas	газы менен	gazı menen
Eis (n)	муз	muz

mit Eis	музу менен	muzu menen
alkoholfrei (Adj)	алкоголсуз	alkogolsuz
alkoholfreies Getränk (n)	алкоголсуз ичимдик	alkogolsuz itʃimdik
Erfrischungsgetränk (n)	суусундук	suusunduk
Limonade (f)	лимонад	limonad

Spirituosen (pl)	спирт ичимдиктери	spirt itʃimdikteri
Wein (m)	шарап	ʃarap
Weißwein (m)	ак шарап	ak ʃarap
Rotwein (m)	кызыл шарап	kızıl ʃarap

Likör (m)	ликёр	likʲor
Champagner (m)	шампан	ʃampan
Wermut (m)	вермут	vermut

Whisky (m)	виски	viski
Wodka (m)	арак	arak
Gin (m)	джин	dʒin
Kognak (m)	коньяк	konjak
Rum (m)	ром	rom

Kaffee (m)	кофе	kofe
schwarzer Kaffee (m)	кара кофе	kara kofe
Milchkaffee (m)	сүттөлгөн кофе	syttølgøn kofe
Cappuccino (m)	капучино	kaputʃino
Pulverkaffee (m)	эрүүчү кофе	eryytʃy kofe

Milch (f)	сүт	syt
Cocktail (m)	коктейль	koktejlʲ
Milchcocktail (m)	сүт коктейли	syt koktejli

Saft (m)	шире	ʃire
Tomatensaft (m)	томат ширеси	tomat ʃiresi
Orangensaft (m)	апельсин ширеси	apelʲsin ʃiresi
frisch gepresster Saft (m)	түз сыгылып алынган шире	tyz sıgılıp alıngan ʃire

Bier (n)	сыра	sıra
Helles (n)	ачык сыра	atʃık sıra
Dunkelbier (n)	коңур сыра	koŋur sıra

Tee (m)	чай	tʃaj
schwarzer Tee (m)	кара чай	kara tʃaj
grüner Tee (m)	жашыл чай	dʒaʃıl tʃaj

37. Gemüse

| Gemüse (n) | жашылча | dʒaʃıltʃa |
| grünes Gemüse (pl) | көк чөп | køk tʃøp |

Tomate (f)	помидор	pomidor
Gurke (f)	бадыраң	badıraŋ
Karotte (f)	сабиз	sabiz
Kartoffel (f)	картошка	kartoʃka

Zwiebel (f)	пияз	pijaz
Knoblauch (m)	сарымсак	sarımsak
Kohl (m)	капуста	kapusta
Blumenkohl (m)	гүлдүү капуста	gyldyy kapusta
Rosenkohl (m)	брюссель капустасы	brüssel' kapustası
Brokkoli (m)	брокколи капустасы	brokkoli kapustası
Rote Bete (f)	кызылча	kızıltʃa
Aubergine (f)	баклажан	bakladʒan
Zucchini (f)	кабачок	kabatʃok
Kürbis (m)	ашкабак	aʃkabak
Rübe (f)	шалгам	ʃalgam
Petersilie (f)	петрушка	petruʃka
Dill (m)	укроп	ukrop
Kopf Salat (m)	салат	salat
Sellerie (m)	сельдерей	sel'derej
Spargel (m)	спаржа	spardʒa
Spinat (m)	шпинат	ʃpinat
Erbse (f)	нокот	nokot
Bohnen (pl)	буурчак	buurtʃak
Mais (m)	жүгөрү	dʒygøry
weiße Bohne (f)	төө буурчак	tøø buurtʃak
Paprika (m)	таттуу перец	tattuu perets
Radieschen (n)	шалгам	ʃalgam
Artischocke (f)	артишок	artiʃok

38. Obst. Nüsse

Frucht (f)	мөмө	mømø
Apfel (m)	алма	alma
Birne (f)	алмурут	almurut
Zitrone (f)	лимон	limon
Apfelsine (f)	апельсин	apel'sin
Erdbeere (f)	кулпунай	kulpunaj
Mandarine (f)	мандарин	mandarin
Pflaume (f)	кара өрүк	kara øryk
Pfirsich (m)	шабдаалы	ʃabdaalı
Aprikose (f)	өрүк	øryk
Himbeere (f)	дан куурай	dan kuuraj
Ananas (f)	ананас	ananas
Banane (f)	банан	banan
Wassermelone (f)	арбуз	arbuz
Weintrauben (pl)	жүзүм	dʒyzym
Sauerkirsche (f)	алча	altʃa
Süßkirsche (f)	гилас	gilas
Melone (f)	коон	koon
Grapefruit (f)	грейпфрут	grejpfrut
Avocado (f)	авокадо	avokado

Papaya (f)	папайя	papaja
Mango (f)	манго	mango
Granatapfel (m)	анар	anar
rote Johannisbeere (f)	кызыл карагат	kızıl karagat
schwarze Johannisbeere (f)	кара карагат	kara karagat
Stachelbeere (f)	крыжовник	krıdʒovnik
Heidelbeere (f)	кара моюл	kara mojul
Brombeere (f)	кара булдуркөн	kara byldyrkøn
Rosinen (pl)	мейиз	mejiz
Feige (f)	анжир	andʒir
Dattel (f)	курма	kurma
Erdnuss (f)	арахис	araχis
Mandel (f)	бадам	badam
Walnuss (f)	жаңгак	dʒaŋgak
Haselnuss (f)	токой жаңгагы	tokoj dʒaŋgagı
Kokosnuss (f)	кокос жаңгагы	kokos dʒaŋgagı
Pistazien (pl)	мисте	miste

39. Brot. Süßigkeiten

Konditorwaren (pl)	кондитер азыктары	konditer azıktarı
Brot (n)	нан	nan
Keks (m, n)	печенье	petʃenje
Schokolade (f)	шоколад	ʃokolad
Schokoladen-Bonbon (m, n)	шоколаддан конфета	ʃokoladdan konfeta
Kuchen (m)	пирожное	pirodʒnoe
Torte (f)	торт	tort
Kuchen (Apfel-)	пирог	pirog
Füllung (f)	начинка	natʃinka
Konfitüre (f)	кыям	kıjam
Marmelade (f)	мармелад	marmelad
Waffeln (pl)	вафли	vafli
Eis (n)	бал муздак	bal muzdak
Pudding (m)	пудинг	puding

40. Gerichte

Gericht (n)	тамак	tamak
Küche (f)	даам	daam
Rezept (n)	тамак жасоо ыкмасы	tamak dʒasoo ıkması
Portion (f)	порция	portsija
Salat (m)	салат	salat
Suppe (f)	сорпо	sorpo
Brühe (f), Bouillon (f)	ынак сорпо	ınak sorpo

belegtes Brot (n)	бутерброд	buterbrod
Spiegelei (n)	куурулган жумуртка	kuurulgan ʤumurtka
Hamburger (m)	гамбургер	gamburger
Beefsteak (n)	бифштекс	bifʃteks
Beilage (f)	гарнир	garnir
Spaghetti (pl)	спагетти	spagetti
Kartoffelpüree (n)	эзилген картошка	ezilgen kartoʃka
Pizza (f)	пицца	pitsa
Brei (m)	ботко	botko
Omelett (n)	омлет	omlet
gekocht	сууга бышырылган	suuga bıʃırılgan
geräuchert	ышталган	ıʃtalgan
gebraten	куурулган	kuurulgan
getrocknet	кургатылган	kurgatılgan
tiefgekühlt	тоңдурулган	toŋdurulgan
mariniert	маринаддагы	marinaddagı
süß	таттуу	tattuu
salzig	туздуу	tuzduu
kalt	муздак	muzdak
heiß	ысык	ısık
bitter	ачуу	aʧuu
lecker	даамдуу	daamduu
kochen (vt)	кайнатуу	kajnatuu
zubereiten (vt)	тамак бышыруу	tamak bıʃıruu
braten (vt)	кууруу	kuuruu
aufwärmen (vt)	жылытуу	ʤılıtuu
salzen (vt)	туздоо	tuzdoo
pfeffern (vt)	калемпир кошуу	kalempir koʃuu
reiben (vt)	сүргүлөө	syrgyløø
Schale (f)	сырты	sırtı
schälen (vt)	тазалоо	tazaloo

41. Gewürze

Salz (n)	туз	tuz
salzig (Adj)	туздуу	tuzduu
salzen (vt)	туздоо	tuzdoo
schwarzer Pfeffer (m)	кара мурч	kara murʧ
roter Pfeffer (m)	кызыл калемпир	kızıl kalempir
Senf (m)	горчица	gorʧitsa
Meerrettich (m)	хрен	xren
Gewürz (n)	татымал	tatımal
Gewürz (n)	татымал	tatımal
Soße (f)	соус	sous
Essig (m)	уксус	uksus
Anis (m)	анис	anis

Deutsch	Kirgisisch	Transkription
Basilikum (n)	райхон	rajxon
Nelke (f)	гвоздика	gvozdika
Ingwer (m)	имбирь	imbir'
Koriander (m)	кориандр	koriandr
Zimt (m)	корица	koritsa
Sesam (m)	кунжут	kundʒut
Lorbeerblatt (n)	лавр жалбырагы	lavr dʒalbıragı
Paprika (m)	паприка	paprika
Kümmel (m)	зира	zira
Safran (m)	заапаран	zaaparan

42. Mahlzeiten

Deutsch	Kirgisisch	Transkription
Essen (n)	тамак	tamak
essen (vi, vt)	тамактануу	tamaktanuu
Frühstück (n)	таңкы тамак	taŋkı tamak
frühstücken (vi)	эртең менен тамактануу	erteŋ menen tamaktanuu
Mittagessen (n)	түшкү тамак	tyʃky tamak
zu Mittag essen	түштөнүү	tyʃtønyy
Abendessen (n)	кечки тамак	ketʃki tamak
zu Abend essen	кечки тамакты ичүү	ketʃki tamaktı itʃyy
Appetit (m)	табит	tabit
Guten Appetit!	Тамагыңыз таттуу болсун!	tamagıŋız tattuu bolsun!
öffnen (vt)	ачуу	atʃuu
verschütten (vt)	төгүп алуу	tøgyp aluu
verschüttet werden	төгүлүү	tøgylyy
kochen (vi)	кайноо	kajnoo
kochen (Wasser ~)	кайнатуу	kajnatuu
gekocht (Adj)	кайнатылган	kajnatılgan
kühlen (vt)	суутуу	suutuu
abkühlen (vi)	сууп туруу	suup turuu
Geschmack (m)	даам	daam
Beigeschmack (m)	даамдануу	daamdanuu
auf Diät sein	арыктоо	arıktoo
Diät (f)	мүнөз тамак	mynøz tamak
Vitamin (n)	витамин	vitamin
Kalorie (f)	калория	kalorija
Vegetarier (m)	эттен чанган	etten tʃangan
vegetarisch (Adj)	этсиз даярдалган	etsiz dajardalgan
Fett (n)	майлар	majlar
Protein (n)	белоктор	beloktor
Kohlenhydrat (n)	көмүрсуулар	kømyrsuular
Scheibchen (n)	кесим	kesim
Stück (ein ~ Kuchen)	бөлүк	bølyk
Krümel (m)	күкүм	kykym

43. Gedeck

Löffel (m)	кашык	kaʃık
Messer (n)	бычак	bıtʃak
Gabel (f)	вилка	vilka
Tasse (eine ~ Tee)	чөйчөк	tʃøjtʃøk
Teller (m)	табак	tabak
Untertasse (f)	табак	tabak
Serviette (f)	майлык	majlık
Zahnstocher (m)	тиш чукугуч	tiʃ tʃukugutʃ

44. Restaurant

Restaurant (n)	ресторан	restoran
Kaffeehaus (n)	кофекана	kofekana
Bar (f)	бар	bar
Teesalon (m)	чай салону	tʃaj salonu
Kellner (m)	официант	ofitsiant
Kellnerin (f)	официант кыз	ofitsiant kız
Barmixer (m)	бармен	barmen
Speisekarte (f)	меню	menü
Weinkarte (f)	шарап картасы	ʃarap kartası
einen Tisch reservieren	столду камдык буйрутмалоо	stoldu kamdık bujrutmaloo
Gericht (n)	тамак	tamak
bestellen (vt)	буйрутма кылуу	bujrutma kıluu
eine Bestellung aufgeben	буйрутма берүү	bujrutma beryy
Aperitif (m)	аперитив	aperitiv
Vorspeise (f)	ысылык	ısılık
Nachtisch (m)	десерт	desert
Rechnung (f)	эсеп	esep
Rechnung bezahlen	эсеп төлөө	esep tøløø
das Wechselgeld geben	майда акчаны кайтаруу	majda aktʃanı kajtaruu
Trinkgeld (n)	чайпул	tʃajpul

Familie, Verwandte und Freunde

45. Persönliche Informationen. Formulare

Vorname (m)	аты	atı
Name (m)	фамилиясы	familijası
Geburtsdatum (n)	төрөлгөн күнү	tørølgøn kyny
Geburtsort (m)	туулган жери	tuulgan dʒeri
Nationalität (f)	улуту	ulutu
Wohnort (m)	жашаган жери	dʒaʃagan dʒeri
Land (n)	өлкө	ølkø
Beruf (m)	кесиби	kesibi
Geschlecht (n)	жынысы	dʒınısı
Größe (f)	бою	bojʉ
Gewicht (n)	салмак	salmak

46. Familienmitglieder. Verwandte

Mutter (f)	эне	ene
Vater (m)	ата	ata
Sohn (m)	уул	uul
Tochter (f)	кыз	kız
jüngste Tochter (f)	кичүү кыз	kitʃyy kız
jüngste Sohn (m)	кичүү уул	kitʃyy uul
ältere Tochter (f)	улуу кыз	uluu kız
älterer Sohn (m)	улуу уул	uluu uul
Bruder (m)	бир тууган	bir tuugan
älterer Bruder (m)	байке	bajke
jüngerer Bruder (m)	ини	ini
Schwester (f)	бир тууган	bir tuugan
ältere Schwester (f)	эже	edʒe
jüngere Schwester (f)	синди	siŋdi
Cousin (m)	атасы же энеси бир тууган	atası dʒe enesi bir tuugan
Cousine (f)	атасы же энеси бир тууган	atası dʒe enesi bir tuugan
Mama (f)	апа	apa
Papa (m)	ата	ata
Eltern (pl)	ата-эне	ata-ene
Kind (n)	бала	bala
Kinder (pl)	балдар	baldar
Großmutter (f)	чоң апа	tʃoŋ apa

Großvater (m)	чоң ата	tʃoŋ ata
Enkel (m)	небере бала	nebere bala
Enkelin (f)	небере кыз	nebere kız
Enkelkinder (pl)	неберелер	nebereler
Onkel (m)	таяке	tajake
Tante (f)	таяже	tajadʒe
Neffe (m)	ини	ini
Nichte (f)	жээн	dʒeen
Schwiegermutter (f)	кайын эне	kajın ene
Schwiegervater (m)	кайын ата	kajın ata
Schwiegersohn (m)	күйөө бала	kyjøø bala
Stiefmutter (f)	өгөй эне	øgøj ene
Stiefvater (m)	өгөй ата	øgøj ata
Säugling (m)	эмчектеги бала	emtʃektegi bala
Kleinkind (n)	ымыркай	ımırkaj
Kleine (m)	бөбөк	bøbøk
Frau (f)	аял	ajal
Mann (m)	эр	er
Ehemann (m)	күйөө	kyjøø
Gemahlin (f)	зайып	zajıp
verheiratet (Ehemann)	аялы бар	ajalı bar
verheiratet (Ehefrau)	күйөөдө	kyjøødø
ledig	бойдок	bojdok
Junggeselle (m)	бойдок	bojdok
geschieden (Adj)	ажырашкан	adʒıraʃkan
Witwe (f)	жесир	dʒesir
Witwer (m)	жесир	dʒesir
Verwandte (m)	тууган	tuugan
naher Verwandter (m)	жакын тууган	dʒakın tuugan
entfernter Verwandter (m)	алыс тууган	alıs tuugan
Verwandte (pl)	бир тууган	bir tuugan
Waise (m, f)	жетим	dʒetim
Vormund (m)	камкорчу	kamkortʃu
adoptieren (einen Jungen)	уул кылып асырап алуу	uul kılıp asırap aluu
adoptieren (ein Mädchen)	кыз кылып асырап алуу	kız kılıp asırap aluu

Medizin

47. Krankheiten

Krankheit (f)	оору	ooru
krank sein	ооруу	ooruu
Gesundheit (f)	ден-соолук	den-sooluk
Schnupfen (m)	мурдунан суу агуу	murdunan suu aguu
Angina (f)	ангина	angina
Erkältung (f)	суук тийүү	suuk tijyy
sich erkälten	суук тийгизип алуу	suuk tijgizip aluu
Bronchitis (f)	бронхит	bronχit
Lungenentzündung (f)	кабыргадан сезгенүү	kabırgadan sezgenyy
Grippe (f)	сасык тумоо	sasık tumoo
kurzsichtig	алыстан көрө албоо	alıstan kørø alboo
weitsichtig	жакындан көрө албоо	dʒakından kørø alboo
Schielen (n)	кылый көздүүлүк	kılıj køzdyylyk
schielend (Adj)	кылый көздүүлүк	kılıj køzdyylyk
grauer Star (m)	челкөз	tʃelkøz
Glaukom (n)	глаукома	glaukoma
Schlaganfall (m)	мээге кан куюлуу	meege kan kujuluu
Infarkt (m)	инфаркт	infarkt
Herzinfarkt (m)	инфаркт миокарда	infarkt miokarda
Lähmung (f)	шал	ʃal
lähmen (vt)	шал болуу	ʃal boluu
Allergie (f)	аллергия	allergija
Asthma (n)	астма	astma
Diabetes (m)	диабет	diabet
Zahnschmerz (m)	тиш оорусу	tiʃ oorusu
Karies (f)	кариес	karies
Durchfall (m)	ич өткү	itʃ øtky
Verstopfung (f)	ич катуу	itʃ katuu
Magenverstimmung (f)	ич бузулгандык	itʃ buzulgandık
Vergiftung (f)	уулануу	uulanuu
Vergiftung bekommen	уулануу	uulanuu
Arthritis (f)	артрит	artrit
Rachitis (f)	итий	itij
Rheumatismus (m)	кызыл жүгүрүк	kızıl dʒygyryk
Atherosklerose (f)	атеросклероз	ateroskleroz
Gastritis (f)	карын сезгенүүсү	karın sezgenyysu
Blinddarmentzündung (f)	аппендицит	appenditsit

Cholezystitis (f)	холецистит	χoletsistit
Geschwür (n)	жара	dʒara
Masern (pl)	кызылча	kızıltʃa
Röteln (pl)	кызамык	kızamık
Gelbsucht (f)	сарык	sarık
Hepatitis (f)	гепатит	gepatit
Schizophrenie (f)	шизофрения	ʃizofrenija
Tollwut (f)	кутурма	kuturma
Neurose (f)	невроз	nevroz
Gehirnerschütterung (f)	мээнин чайкалышы	meenin tʃajkalıʃı
Krebs (m)	рак	rak
Sklerose (f)	склероз	skleroz
multiple Sklerose (f)	жайылган склероз	dʒajılgan skleroz
Alkoholismus (m)	аракечтик	araketʃtik
Alkoholiker (m)	аракеч	araketʃ
Syphilis (f)	котон жара	koton dʒara
AIDS	СПИД	spid
Tumor (m)	шишик	ʃiʃik
bösartig	залалдуу	zalalduu
gutartig	залалсыз	zalalsız
Fieber (n)	безгек	bezgek
Malaria (f)	безгек	bezgek
Gangrän (f, n)	кабыз	kabız
Seekrankheit (f)	деңиз оорусу	deŋiz oorusu
Epilepsie (f)	талма	talma
Epidemie (f)	эпидемия	epidemija
Typhus (m)	келте	kelte
Tuberkulose (f)	кургак учук	kurgak utʃuk
Cholera (f)	холера	χolera
Pest (f)	кара тумоо	kara tumoo

48. Symptome. Behandlungen. Teil 1

Symptom (n)	белги	belgi
Temperatur (f)	дене табынын көтөрүлүшү	dene tabının køtørylyʃy
Fieber (n)	жогорку температура	dʒogorku temperatura
Puls (m)	тамыр кагышы	tamır kagıʃı
Schwindel (m)	баш айлануу	baʃ ajlanuu
heiß (Stirne usw.)	ысык	ısık
Schüttelfrost (m)	чыйрыгуу	tʃıjrıguu
blass (z.B. -es Gesicht)	купкуу	kupkuu
Husten (m)	жөтөл	dʒøtøl
husten (vi)	жөтөлүү	dʒøtølyy
niesen (vi)	чүчкүрүү	tʃytʃkyryy

Ohnmacht (f)	эси оо	esi oo
ohnmächtig werden	эси ооп жыгылуу	esi oop dʒıgıluu
blauer Fleck (m)	көк-ала	køk-ala
Beule (f)	шишик	ʃiʃik
sich stoßen	урунуп алуу	urunup aluu
Prellung (f)	көгөртүп алуу	køgørtyp aluu
sich stoßen	көгөртүп алуу	køgørtyp aluu
hinken (vi)	аксоо	aksoo
Verrenkung (f)	муундун чыгып кетүүсү	muundun tʃıgıp ketyysy
ausrenken (vt)	чыгарып алуу	tʃıgarıp aluu
Fraktur (f)	сынуу	sınuu
brechen (Arm usw.)	сындырып алуу	sındırıp aluu
Schnittwunde (f)	кесилген жер	kesilgen dʒer
sich schneiden	кесип алуу	kesip aluu
Blutung (f)	кан кетүү	kan ketyy
Verbrennung (f)	күйүк	kyjyk
sich verbrennen	күйгүзүп алуу	kyjgyzyp aluu
stechen (vt)	саюу	sajuu
sich stechen	сайып алуу	sajıp aluu
verletzen (vt)	кокустатып алуу	kokustatıp aluu
Verletzung (f)	кокустатып алуу	kokustatıp aluu
Wunde (f)	жара	dʒara
Trauma (n)	жаракат	dʒarakat
irrereden (vi)	жөлүү	dʒølyy
stottern (vi)	кекечтенүү	keketʃtenyy
Sonnenstich (m)	күн өтүү	kyn øtyy

49. Symptome. Behandlungen. Teil 2

Schmerz (m)	ооруу	ooru
Splitter (m)	тикен	tiken
Schweiß (m)	тер	ter
schwitzen (vi)	тердөө	terdøø
Erbrechen (n)	кусуу	kusuu
Krämpfe (pl)	тарамыш карышуусу	taramıʃ karıʃuusu
schwanger	кош бойлуу	koʃ bojluu
geboren sein	төрөлүү	tørølyy
Geburt (f)	төрөт	tørøt
gebären (vt)	төрөө	tørøø
Abtreibung (f)	бойдон түшүрүү	bojdon tyʃyryy
Atem (m)	дем алуу	dem aluu
Atemzug (m)	дем алуу	dem aluu
Ausatmung (f)	дем чыгаруу	dem tʃıgaruu
ausatmen (vi)	дем чыгаруу	dem tʃıgaruu
einatmen (vt)	дем алуу	dem aluu

Invalide (m)	майып	majıp
Krüppel (m)	мунжу	mundʒu
Drogenabhängiger (m)	баңги	baŋgi
taub	дүлөй	dyløj
stumm	дудук	duduk
taubstumm	дудук	duduk
verrückt (Adj)	жин тийген	dʒin tijgen
Irre (m)	жинди чалыш	dʒindi tʃalıʃ
Irre (f)	жинди чалыш	dʒindi tʃalıʃ
den Verstand verlieren	мээси айныган	meesi ajnıgan
Gen (n)	ген	gen
Immunität (f)	иммунитет	immunitet
erblich	тукум куучулук	tukum kuutʃuluk
angeboren	тубаса	tubasa
Virus (m, n)	вирус	virus
Mikrobe (f)	микроб	mikrob
Bakterie (f)	бактерия	bakterija
Infektion (f)	жугуштуу илдет	dʒuguʃtuu ildet

50. Symptome. Behandlungen. Teil 3

Krankenhaus (n)	оорукана	oorukana
Patient (m)	бейтап	bejtap
Diagnose (f)	дарт аныктоо	dart anıktoo
Heilung (f)	дарылоо	darıloo
Behandlung (f)	дарылоо	darıloo
Behandlung bekommen	дарылануу	darılanuu
behandeln (vt)	дарылоо	darıloo
pflegen (Kranke)	кароо	karoo
Pflege (f)	кароо	karoo
Operation (f)	операция	operatsija
verbinden (vt)	жараны таңуу	dʒaranı taŋuu
Verband (m)	таңуу	taŋuu
Impfung (f)	эмдөө	emdøø
impfen (vt)	эмдөө	emdøø
Spritze (f)	ийне салуу	ijne saluu
eine Spritze geben	ийне сайдыруу	ijne sajdıruu
Anfall (m)	оору кармап калуу	ooru karmap kaluu
Amputation (f)	кесүү	kesyy
amputieren (vt)	кесип таштоо	kesip taʃtoo
Koma (n)	кома	koma
im Koma liegen	комада болуу	komada boluu
Reanimation (f)	реанимация	reanimatsija
genesen von … (vi)	сакаюу	sakajuu
Zustand (m)	абал	abal

| Bewusstsein (n) | эсинде | esinde |
| Gedächtnis (n) | эс тутум | es tutum |

ziehen (einen Zahn ~)	тишти жулуу	tiʃti dʒuluu
Plombe (f)	пломба	plomba
plombieren (vt)	пломба салуу	plomba saluu

| Hypnose (f) | гипноз | gipnoz |
| hypnotisieren (vt) | гипноз кылуу | gipnoz kıluu |

51. Ärzte

Arzt (m)	доктур	doktur
Krankenschwester (f)	медсестра	medsestra
Privatarzt (m)	жекелик доктур	dʒekelik doktur

Zahnarzt (m)	тиш доктур	tiʃ doktur
Augenarzt (m)	көз доктур	køz doktur
Internist (m)	терапевт	terapevt
Chirurg (m)	хирург	xirurg

Psychiater (m)	психиатр	psixiatr
Kinderarzt (m)	педиатр	pediatr
Psychologe (m)	психолог	psixolog
Frauenarzt (m)	гинеколог	ginekolog
Kardiologe (m)	кардиолог	kardiolog

52. Medizin. Medikamente. Accessoires

Arznei (f)	дары-дармек	darı-darmek
Heilmittel (n)	дары	darı
verschreiben (vt)	жазып берүү	dʒazıp beryy
Rezept (n)	рецепт	retsept

Tablette (f)	таблетка	tabletka
Salbe (f)	май	maj
Ampulle (f)	ампула	ampula
Mixtur (f)	аралашма	aralaʃma
Sirup (m)	сироп	sirop
Pille (f)	пилюля	pilʲulʲa
Pulver (n)	күкүм	kykym

Verband (m)	бинт	bint
Watte (f)	пахта	paxta
Jod (n)	йод	jod

Pflaster (n)	лейкопластырь	lejkoplastırʲ
Pipette (f)	дары тамызгыч	darı tamızgıtʃ
Thermometer (n)	градусник	gradusnik
Spritze (f)	шприц	ʃprits
Rollstuhl (m)	майып арабасы	majıp arabası
Krücken (pl)	колтук таяк	koltuk tajak

Betäubungsmittel (n)	оору сездирбөөчү дары	ooru sezdirbøøʧy darı
Abführmittel (n)	ич алдыруучу дары	iʧ aldıruuʧu darı
Spiritus (m)	спирт	spirt
Heilkraut (n)	дары чөптөр	darı ʧøptør
Kräuter- (z.B. Kräutertee)	чөп чайы	ʧøp ʧajı

LEBENSRAUM DES MENSCHEN

Stadt

53. Stadt. Leben in der Stadt

Stadt (f)	шаар	ʃaar
Hauptstadt (f)	борбор	borbor
Dorf (n)	кыштак	kıʃtak
Stadtplan (m)	шаардын планы	ʃaardın planı
Stadtzentrum (n)	шаардын борбору	ʃaardın borboru
Vorort (m)	шаардын чет жакасы	ʃaardın ʧet dʒakası
Vorort-	шаардын чет жакасындагы	ʃaardın ʧet dʒakasındagı
Stadtrand (m)	чет-жака	ʧet-dʒaka
Umgebung (f)	чет-жака	ʧet-dʒaka
Stadtviertel (n)	квартал	kvartal
Wohnblock (m)	турак-жай кварталы	turak-dʒaj kvartalı
Straßenverkehr (m)	көчө кыймылы	køʧø kıjmılı
Ampel (f)	светофор	svetofor
Stadtverkehr (m)	шаар транспорту	ʃaar transportu
Straßenkreuzung (f)	кесилиш	kesiliʃ
Übergang (m)	жөө жүрүүчүлөр жолу	dʒøø dʒyryyʧylør dʒolu
Fußgängerunterführung (f)	жер астындагы жол	dʒer astındagı dʒol
überqueren (vt)	жолду өтүү	dʒoldu øtyy
Fußgänger (m)	жөө жүрүүчү	dʒøø dʒyryyʧy
Gehweg (m)	жанжол	dʒandʒol
Brücke (f)	көпүрө	køpyrø
Kai (m)	жээк жол	dʒeek dʒol
Springbrunnen (m)	фонтан	fontan
Allee (f)	аллея	alleja
Park (m)	сейил багы	sejil bagı
Boulevard (m)	бульвар	bulʲvar
Platz (m)	аянт	ajant
Avenue (f)	проспект	prospekt
Straße (f)	көчө	køʧø
Gasse (f)	чолок көчө	ʧolok køʧø
Sackgasse (f)	туюк көчө	tujuk køʧø
Haus (n)	үй	yj
Gebäude (n)	имарат	imarat
Wolkenkratzer (m)	көк тиреген көп кабаттуу үй	køk tiregen køp kabattuu yj

Fassade (f)	үйдүн алды	yjdyn aldı
Dach (n)	чатыр	tʃatır
Fenster (n)	терезе	tereze
Bogen (m)	түркүк	tyrkyk
Säule (f)	мамы	mamı
Ecke (f)	бурч	burtʃ
Schaufenster (n)	көрсөтмө айнек үкөк	kørsøtmø ajnek ykøk
Firmenschild (n)	көрнөк	kørnøk
Anschlag (m)	афиша	afiʃa
Werbeposter (m)	көрнөк-жарнак	kørnøk-dʒarnak
Werbeschild (n)	жарнамалык такта	dʒarnamalık takta
Müll (m)	таштанды	taʃtandı
Mülleimer (m)	таштанды челек	taʃtandı tʃelek
Abfall wegwerfen	таштоо	taʃtoo
Mülldeponie (f)	таштанды үйүлгөн жер	taʃtandı yjylgøn dʒer
Telefonzelle (f)	телефон будкасы	telefon budkası
Straßenlaterne (f)	чырак мамы	tʃırak mamı
Bank (Park-)	отургуч	oturgutʃ
Polizist (m)	полиция кызматкери	politsija kızmatkeri
Polizei (f)	полиция	politsija
Bettler (m)	кайырчы	kajırtʃı
Obdachlose (m)	селсаяк	selsajak

54. Innerstädtische Einrichtungen

Laden (m)	дүкөн	dykøn
Apotheke (f)	дарыкана	darıkana
Optik (f)	оптика	optika
Einkaufszentrum (n)	соода борбору	sooda borboru
Supermarkt (m)	супермаркет	supermarket
Bäckerei (f)	нан дүкөнү	nan dykøny
Bäcker (m)	навайчы	navajtʃı
Konditorei (f)	кондитердик дүкөн	konditerdik dykøn
Lebensmittelladen (m)	азык-түлүк	azık-tylyk
Metzgerei (f)	эт дүкөнү	et dykøny
Gemüseladen (m)	жашылча дүкөнү	dʒaʃıltʃa dykøny
Markt (m)	базар	bazar
Kaffeehaus (n)	кофекана	kofekana
Restaurant (n)	ресторан	restoran
Bierstube (f)	сыракана	sırakana
Pizzeria (f)	пиццерия	pitserija
Friseursalon (m)	чач тарач	tʃatʃ taratʃ
Post (f)	почта	potʃta
chemische Reinigung (f)	химиялык тазалоо	ximijalık tazaloo
Fotostudio (n)	фотоателье	fotoatelje
Schuhgeschäft (n)	бут кийим дүкөнү	but kijim dykøny

| Buchhandlung (f) | китеп дүкөнү | kitep dykøny |
| Sportgeschäft (n) | спорт буюмдар дүкөнү | sport buju̇mdar dykøny |

Kleiderreparatur (f)	кийим ондоочу жай	kijim ondootʃu dʒaj
Bekleidungsverleih (m)	кийимди ижарага берүү	kijimdi idʒaraga beryy
Videothek (f)	тасмаларды ижарага берүү	tasmalardı idʒaraga beryy

Zirkus (m)	цирк	tsırk
Zoo (m)	зоопарк	zoopark
Kino (n)	кинотеатр	kinoteatr
Museum (n)	музей	muzej
Bibliothek (f)	китепкана	kitepkana

Theater (n)	театр	teatr
Opernhaus (n)	опера	opera
Nachtklub (m)	түнкү клуб	tynky klub
Kasino (n)	казино	kazino

Moschee (f)	мечит	metʃit
Synagoge (f)	синагога	sinagoga
Kathedrale (f)	чоң чиркөө	tʃoŋ tʃirkøø
Tempel (m)	ибадаткана	ibadatkana
Kirche (f)	чиркөө	tʃirkøø

Institut (n)	коллеж	kolledʒ
Universität (f)	университет	universitet
Schule (f)	мектеп	mektep

Präfektur (f)	префектура	prefektura
Rathaus (n)	мэрия	merija
Hotel (n)	мейманкана	mejmankana
Bank (f)	банк	bank

Botschaft (f)	элчилик	eltʃilik
Reisebüro (n)	турагенттиги	turagenttigi
Informationsbüro (n)	маалымат бюросу	maalımat bu̇rosu
Wechselstube (f)	алмаштыруу пункту	almaʃtıruu punktu

| U-Bahn (f) | метро | metro |
| Krankenhaus (n) | оорукана | oorukana |

| Tankstelle (f) | май куюучу станция | maj kuju̇utʃu stantsija |
| Parkplatz (m) | унаа токтоочу жай | unaa toktootʃu dʒaj |

55. Schilder

Firmenschild (n)	көрнөк	kørnøk
Aufschrift (f)	жазуу	dʒazuu
Plakat (n)	көрнөк	kørnøk
Wegweiser (m)	көрсөткүч	kørsøtkytʃ
Pfeil (m)	жебе	dʒebe
Vorsicht (f)	экертме	ekertme
Warnung (f)	эскертүү белгиси	eskertyy belgisi

warnen (vt)	эскертүү	eskertyy
freier Tag (m)	дем алыш күн	dem alıʃ kyn
Fahrplan (m)	ырааттама	ıraattama
Öffnungszeiten (pl)	иш сааттары	iʃ saattarı
HERZLICH WILLKOMMEN!	КОШ КЕЛИҢИЗДЕР!	koʃ keliŋizder!
EINGANG	КИРҮҮ	kiryy
AUSGANG	ЧЫГУУ	ʧıguu
DRÜCKEN	ӨЗҮҢҮЗДӨН ТҮРТҮҢҮЗ	øzyŋyzdøn tyrtyŋyz
ZIEHEN	ӨЗҮҢҮЗГӨ ТАРТЫҢЫЗ	øzyŋyzgø tartıŋız
GEÖFFNET	АЧЫК	aʧık
GESCHLOSSEN	ЖАБЫК	ʤabık
DAMEN, FRAUEN	АЙЫМДАР ҮЧҮН	ajımdar ytʃyn
HERREN, MÄNNER	ЭРКЕКТЕР ҮЧҮН	erkekter ytʃyn
AUSVERKAUF	АРЗАНДАТУУЛАР	arzandatuular
REDUZIERT	САТЫП ТҮГӨТҮҮ	satıp tygøtyy
NEU!	СААМАЛЫК!	saamalık!
GRATIS	БЕКЕР	beker
ACHTUNG!	КӨҢҮЛ БУРУҢУЗ!	køŋyl buruŋuz!
ZIMMER BELEGT	ОРУН ЖОК	orun ʤok
RESERVIERT	КАМДЫК БУЙРУТМАЛАГАН	kamdık bujrutmalagan
VERWALTUNG	АДМИНИСТРАЦИЯ	administratsija
NUR FÜR PERSONAL	ЖААМАТ ҮЧҮН ГАНА	ʤaamat ytʃyn gana
VORSICHT BISSIGER HUND	КАБАНААК ИТ	kabanaak it
RAUCHEN VERBOTEN!	ТАМЕКИ ЧЕГҮҮГӨ БОЛБОЙТ!	tameki ʧegyygø bolbojt!
BITTE NICHT BERÜHREN	КОЛУҢАР МЕНЕН КАРМАБАГЫЛА!	koluŋar menen karmabagıla!
GEFÄHRLICH	КООПТУУ	kooptuu
VORSICHT!	КОРКУНУЧ	korkunuʧ
HOCHSPANNUNG	ЖОГОРКУ ЧЫҢАЛУУ	ʤogorku ʧıŋaluu
BADEN VERBOTEN	СУУГА ТҮШҮҮГӨ БОЛБОЙТ	suuga tyʃyygø bolbojt
AUßER BETRIEB	ИШТЕБЕЙТ	iʃtebejt
LEICHTENTZÜNDLICH VERBOTEN	ӨРТ ЧЫГУУ КОРКУНУЧУ ТЫЮУ САЛЫНГАН	ørt ʧıguu korkunuʧu tıjuu salıngan
DURCHGANG VERBOTEN	ӨТҮҮГӨ БОЛБОЙТ	øtyygø bolbojt
FRISCH GESTRICHEN	СЫРДАЛГАН	sırdalgan

56. Innerstädtischer Transport

Bus (m)	автобус	avtobus
Straßenbahn (f)	трамвай	tramvaj
Obus (m)	троллейбус	trollejbus

Linie (f)	каттам	kattam
Nummer (f)	номер	nomer

mit … fahren	… жүрүү	… dʒyryy
einsteigen (vi)	… отуруу	… oturuu
aussteigen (aus dem Bus)	… түшүп калуу	… tyʃyp kaluu

Haltestelle (f)	аялдама	ajaldama
nächste Haltestelle (f)	кийинки аялдама	kijinki ajaldama
Endhaltestelle (f)	акыркы аялдама	akırkı ajaldama
Fahrplan (m)	ырааттама	ıraattama
warten (vi, vt)	күтүү	kytyy

Fahrkarte (f)	билет	bilet
Fahrpreis (m)	билеттин баасы	bilettin baası

Kassierer (m)	кассир	kassir
Fahrkartenkontrolle (f)	текшерүү	tekʃeryy
Fahrkartenkontrolleur (m)	текшерүүчү	tekʃeryytʃy

sich verspäten	кечигүү	ketʃigyy
versäumen (Zug usw.)	кечигип калуу	ketʃigip kaluu
sich beeilen	шашуу	ʃaʃuu

Taxi (n)	такси	taksi
Taxifahrer (m)	такси айдоочу	taksi ajdootʃu
mit dem Taxi	таксиде	takside
Taxistand (m)	такси токтоочу жай	taksi toktootʃu dʒaj
ein Taxi rufen	такси чакыруу	taksi tʃakıruu
ein Taxi nehmen	такси кармоо	taksi karmoo

Straßenverkehr (m)	көчө кыймылы	køtʃø kıjmılı
Stau (m)	тыгын	tıgın
Hauptverkehrszeit (f)	кызуу маал	kızuu maal
parken (vi)	токтотуу	toktotuu
parken (vt)	машинаны жайлаштыруу	maʃinanı dʒajlaʃtıruu
Parkplatz (m)	унаа токтоочу жай	unaa toktootʃu dʒaj

U-Bahn (f)	метро	metro
Station (f)	бекет	beket
mit der U-Bahn fahren	метродо жүрүү	metrodo dʒyryy
Zug (m)	поезд	poezd
Bahnhof (m)	вокзал	vokzal

57. Sehenswürdigkeiten

Denkmal (n)	эстелик	estelik
Festung (f)	чеп	tʃep
Palast (m)	сарай	saraj
Schloss (n)	сепил	sepil
Turm (m)	мунара	munara
Mausoleum (n)	күмбөз	kymbøz
Architektur (f)	архитектура	arχitektura
mittelalterlich	орто кылымдык	orto kılımdık

alt (antik)	байыркы	bajırkı
national	улуттук	uluttuk
berühmt	таанымал	taanımal

Tourist (m)	турист	turist
Fremdenführer (m)	гид	gid
Ausflug (m)	экскурсия	ekskursija
zeigen (vt)	көрсөтүү	kørsøtyy
erzählen (vt)	айтып берүү	ajtıp beryy

finden (vt)	табуу	tabuu
sich verlieren	адашып кетүү	adaʃıp ketyy
Karte (U-Bahn ~)	схема	sχema
Karte (Stadt-)	план	plan

Souvenir (n)	асембелек	asembelek
Souvenirladen (m)	асембелек дүкөнү	asembelek dykøny
fotografieren (vt)	сүрөткө тартуу	syrøtkø tartuu
sich fotografieren	сүрөткө түшүү	syrøtkø tyʃyy

58. Shopping

kaufen (vt)	сатып алуу	satıp aluu
Einkauf (m)	сатып алуу	satıp aluu
einkaufen gehen	сатып алууга чыгуу	satıp aluuga ʧıguu
Einkaufen (n)	базарчылоо	bazarʧıloo

offen sein (Laden)	иштөө	iʃtøø
zu sein	жабылуу	dʒabıluu

Schuhe (pl)	бут кийим	but kijim
Kleidung (f)	кийим-кече	kijim-ketʃe
Kosmetik (f)	упа-эндик	upa-endik
Lebensmittel (pl)	азык-түлүк	azık-tylyk
Geschenk (n)	белек	belek

Verkäufer (m)	сатуучу	satuuʧu
Verkäuferin (f)	сатуучу кыз	satuuʧu kız

Kasse (f)	касса	kassa
Spiegel (m)	күзгү	kyzgy
Ladentisch (m)	прилавок	prilavok
Umkleidekabine (f)	кийим ченөөчү бөлмө	kijim ʧenøøʧy bølmø

anprobieren (vt)	кийим ченөө	kijim ʧenøø
passen (Schuhe, Kleid)	ылайык келүү	ılajık kelyy
gefallen (vi)	жактыруу	dʒaktıruu

Preis (m)	баа	baa
Preisschild (n)	баа	baa
kosten (vt)	туруу	turuu
Wie viel?	Канча?	kanʧa?
Rabatt (m)	арзандатуу	arzandatuu
preiswert	кымбат эмес	kımbat emes

billig	арзан	arzan
teuer	кымбат	kımbat
Das ist teuer	Бул кымбат	bul kımbat
Verleih (m)	ижара	idʒara
leihen, mieten (ein Auto usw.)	ижарага алуу	idʒaraga aluu
Kredit (m), Darlehen (n)	насыя	nasıja
auf Kredit	насыяга алуу	nasıjaga aluu

59. Geld

Geld (n)	акча	aktʃa
Austausch (m)	алмаштыруу	almaʃtıruu
Kurs (m)	курс	kurs
Geldautomat (m)	банкомат	bankomat
Münze (f)	тыйын	tıjın
Dollar (m)	доллар	dollar
Euro (m)	евро	evro
Lira (f)	италиялык лира	italijalık lira
Mark (f)	немис маркасы	nemis markası
Franken (m)	франк	frank
Pfund Sterling (n)	фунт стерлинг	funt sterling
Yen (m)	йена	jena
Schulden (pl)	карыз	karız
Schuldner (m)	карыздар	karızdar
leihen (vt)	карызга берүү	karızga beryy
leihen, borgen (Geld usw.)	карызга алуу	karızga aluu
Bank (f)	банк	bank
Konto (n)	эсеп	esep
einzahlen (vt)	салуу	saluu
auf ein Konto einzahlen	эсепке акча салуу	esepke aktʃa saluu
abheben (vt)	эсептен акча чыгаруу	esepten aktʃa tʃıgaruu
Kreditkarte (f)	насыя картасы	nasıja kartası
Bargeld (n)	накталай акча	naktalaj aktʃa
Scheck (m)	чек	tʃek
einen Scheck schreiben	чек жазып берүү	tʃek dʒazıp beryy
Scheckbuch (n)	чек китепчеси	tʃek kiteptʃesi
Geldtasche (f)	намыян	namıjan
Geldbeutel (m)	капчык	kaptʃık
Safe (m)	сейф	sejf
Erbe (m)	мураскер	murasker
Erbschaft (f)	мурас	muras
Vermögen (n)	мүлк	mylk
Pacht (f)	ижара	idʒara
Miete (f)	батир акысы	batir akısı
mieten (vt)	батирге алуу	batirge aluu

Preis (m)	баа	baa
Kosten (pl)	баа	baa
Summe (f)	сумма	summa
ausgeben (vt)	коротуу	korotuu
Ausgaben (pl)	чыгым	tʃıgım
sparen (vt)	үнөмдөө	ynømdøø
sparsam	сарамжал	saramdʒal
zahlen (vt)	төлөө	tøløø
Lohn (m)	акы төлөө	akı tøløø
Wechselgeld (n)	кайтарылган майда акча	kajtarılgan majda aktʃa
Steuer (f)	салык	salık
Geldstrafe (f)	айып	ajıp
bestrafen (vt)	айып пул салуу	ajıp pul saluu

60. Post. Postdienst

Post (Postamt)	почта	potʃta
Post (Postsendungen)	почта	potʃta
Briefträger (m)	кат ташуучу	kat taʃuutʃu
Öffnungszeiten (pl)	иш сааттары	iʃ saattarı
Brief (m)	кат	kat
Einschreibebrief (m)	тапшырык кат	tapʃırık kat
Postkarte (f)	открытка	otkrıtka
Telegramm (n)	телеграмма	telegramma
Postpaket (n)	посылка	posılka
Geldanweisung (f)	акча которуу	aktʃa kotoruu
bekommen (vt)	алуу	aluu
abschicken (vt)	жөнөтүү	dʒønøtyy
Absendung (f)	жөнөтүү	dʒønøtyy
Postanschrift (f)	дарек	darek
Postleitzahl (f)	индекс	indeks
Absender (m)	жөнөтүүчү	dʒønøtyytʃy
Empfänger (m)	алуучу	aluutʃu
Vorname (m)	аты	atı
Nachname (m)	фамилиясы	familijası
Tarif (m)	тариф	tarif
Standard- (Tarif)	жөнөкөй	dʒønøkøj
Spar- (-tarif)	үнөмдүү	ynømdyy
Gewicht (n)	салмак	salmak
abwiegen (vt)	таразалоо	tarazaloo
Briefumschlag (m)	конверт	konvert
Briefmarke (f)	марка	marka
Briefmarke aufkleben	марка жабыштыруу	marka dʒabıʃtıruu

Wohnung. Haus. Zuhause

61. Haus. Elektrizität

Elektrizität (f)	электр кубаты	elektr kubatı
Glühbirne (f)	чырак	tʃırak
Schalter (m)	өчүргүч	øtʃyrgytʃ
Sicherung (f)	эриме сактагыч	erime saktagıtʃ
Draht (m)	зым	zım
Leitung (f)	электр зымы	elektr zımı
Stromzähler (m)	электр эсептегич	elektr eseptegitʃ
Zählerstand (m)	көрсөтүү ченем	kørsøtyy tʃenem

62. Villa. Schloss

Landhaus (n)	шаар четиндеги үй	ʃaar tʃetindegi yj
Villa (f)	вилла	villa
Flügel (m)	канат	kanat
Garten (m)	бакча	baktʃa
Park (m)	сейил багы	sejil bagı
Orangerie (f)	күнөскана	kynøskana
pflegen (Garten usw.)	кароо	karoo
Schwimmbad (n)	бассейн	bassejn
Kraftraum (m)	машыгуу залы	maʃıguu zalı
Tennisplatz (m)	теннис корту	tennis kortu
Heimkinoraum (m)	кинотеатр	kinoteatr
Garage (f)	гараж	garadʒ
Privateigentum (n)	жеке менчик	dʒeke mentʃik
Privatgrundstück (n)	жеке ээликте	dʒeke eelikte
Warnung (f)	эскертүү	eskertyy
Warnschild (n)	эскертүү белгиси	eskertyy belgisi
Bewachung (f)	күзөт	kyzøt
Wächter (m)	кароолчу	karooltʃu
Alarmanlage (f)	сигнализация	signalizatsija

63. Wohnung

Wohnung (f)	батир	batir
Zimmer (n)	бөлмө	bølmø
Schlafzimmer (n)	уктоочу бөлмө	uktootʃu bølmø

Esszimmer (n)	ашкана	aʃkana
Wohnzimmer (n)	конок үйү	konok yjy
Arbeitszimmer (n)	иш бөлмөсү	iʃ bølmøsy

Vorzimmer (n)	кире бериш	kire beriʃ
Badezimmer (n)	ванная	vannaja
Toilette (f)	даараткана	daaratkana

Decke (f)	шып	ʃıp
Fußboden (m)	пол	pol
Ecke (f)	бурч	burtʃ

64. Möbel. Innenausstattung

Möbel (n)	эмерек	emerek
Tisch (m)	стол	stol
Stuhl (m)	стул	stul
Bett (n)	керебет	kerebet

| Sofa (n) | диван | divan |
| Sessel (m) | олпок отургуч | olpok oturgutʃ |

| Bücherschrank (m) | китеп шкафы | kitep ʃkafı |
| Regal (n) | текче | tektʃe |

Schrank (m)	шкаф	ʃkaf
Hakenleiste (f)	кийим илгич	kijim ilgitʃ
Kleiderständer (m)	кийим илгич	kijim ilgitʃ

| Kommode (f) | комод | komod |
| Couchtisch (m) | журнал столу | dʒurnal stolu |

Spiegel (m)	күзгү	kyzgy
Teppich (m)	килем	kilem
Matte (kleiner Teppich)	килемче	kilemtʃe

Kamin (m)	очок	otʃok
Kerze (f)	шам	ʃam
Kerzenleuchter (m)	шамдал	ʃamdal

Vorhänge (pl)	парда	parda
Tapete (f)	туш кагаз	tuʃ kagaz
Jalousie (f)	жалюзи	dʒaldʒuzi

| Tischlampe (f) | стол чырагы | stol tʃıragı |
| Leuchte (f) | чырак | tʃırak |

| Stehlampe (f) | торшер | torʃer |
| Kronleuchter (m) | асма шам | asma ʃam |

Bein (Tischbein usw.)	бут	but
Armlehne (f)	чыканак такооч	tʃıkanak takootʃ
Lehne (f)	жөлөнгүч	dʒøløngytʃ
Schublade (f)	суурма	suurma

65. Bettwäsche

Bettwäsche (f)	шейшеп	ʃejʃep
Kissen (n)	жаздык	dʒazdık
Kissenbezug (m)	жаздык кап	dʒazdık kap
Bettdecke (f)	жууркан	dʒuurkan
Laken (n)	шейшеп	ʃejʃep
Tagesdecke (f)	жапкыч	dʒapkıtʃ

66. Küche

Küche (f)	ашкана	aʃkana
Gas (n)	газ	gaz
Gasherd (m)	газ плитасы	gaz plitası
Elektroherd (m)	электр плитасы	elektr plitası
Backofen (m)	духовка	duxovka
Mikrowellenherd (m)	микротолкун меши	mikrotolkun meʃi

Kühlschrank (m)	муздаткыч	muzdatkıtʃ
Tiefkühltruhe (f)	тондургуч	toŋdurgutʃ
Geschirrspülmaschine (f)	идиш жуучу машина	idiʃ dʒuutʃu maʃina

Fleischwolf (m)	эт туурагыч	et tuuragıtʃ
Saftpresse (f)	шире сыккыч	ʃire sıkkıtʃ
Toaster (m)	тостер	toster
Mixer (m)	миксер	mikser

Kaffeemaschine (f)	кофе кайнаткыч	kofe kajnatkıtʃ
Kaffeekanne (f)	кофе кайнатуучу идиш	kofe kajnatuutʃu idiʃ
Kaffeemühle (f)	кофе майдалагыч	kofe majdalagıtʃ

Wasserkessel (m)	чайнек	tʃajnek
Teekanne (f)	чайнек	tʃajnek
Deckel (m)	капкак	kapkak
Teesieb (n)	чыпка	tʃıpka

Löffel (m)	кашык	kaʃık
Teelöffel (m)	чай кашык	tʃaj kaʃık
Esslöffel (m)	аш кашык	aʃ kaʃık
Gabel (f)	вилка	vilka
Messer (n)	бычак	bıtʃak

Geschirr (n)	идиш-аяк	idiʃ-ajak
Teller (m)	табак	tabak
Untertasse (f)	табак	tabak

Schnapsglas (n)	рюмка	rʉmka
Glas (n)	ыстакан	ıstakan
Tasse (f)	чөйчөк	tʃøjtʃøk

Zuckerdose (f)	кум шекер салгыч	kum ʃeker salgıtʃ
Salzstreuer (m)	туз салгыч	tuz salgıtʃ
Pfefferstreuer (m)	мурч салгыч	murtʃ salgıtʃ

Butterdose (f)	май салгыч	maj salgıtʃ
Kochtopf (m)	мискей	miskej
Pfanne (f)	табак	tabak
Schöpflöffel (m)	чөмүч	tʃømytʃ
Durchschlag (m)	депкир	depkir
Tablett (n)	батыныс	batınıs
Flasche (f)	бөтөлкө	bøtølkø
Glas (Einmachglas)	банка	banka
Dose (f)	банка	banka
Flaschenöffner (m)	ачкыч	atʃkıtʃ
Dosenöffner (m)	ачкыч	atʃkıtʃ
Korkenzieher (m)	штопор	ʃtopor
Filter (n)	чыпка	tʃıpka
filtern (vt)	чыпкалоо	tʃıpkaloo
Müll (m)	таштанды	taʃtandı
Mülleimer, Treteimer (m)	таштанды чака	taʃtandı tʃaka

67. Bad

Badezimmer (n)	ванная	vannaja
Wasser (n)	суу	suu
Wasserhahn (m)	чорго	tʃorgo
Warmwasser (n)	ысык суу	ısık suu
Kaltwasser (n)	муздак суу	muzdak suu
Zahnpasta (f)	тиш пастасы	tiʃ pastası
Zähne putzen	тиш жуу	tiʃ dʒuu
Zahnbürste (f)	тиш щёткасы	tiʃ ʃtʃotkası
sich rasieren	кырынуу	kırınuu
Rasierschaum (m)	кырынуу үчүн көбүк	kırınuu ytʃyn købyk
Rasierer (m)	устара	ustara
waschen (vt)	жуу	dʒuu
sich waschen	жуунуу	dʒuunuu
Dusche (f)	душ	duʃ
sich duschen	душка түшүү	duʃka tyʃyy
Badewanne (f)	ванна	vanna
Klosettbecken (n)	унитаз	unitaz
Waschbecken (n)	раковина	rakovina
Seife (f)	самын	samın
Seifenschale (f)	самын салгыч	samın salgıtʃ
Schwamm (m)	губка	gubka
Shampoo (n)	шампунь	ʃampunʲ
Handtuch (n)	сүлгү	sylgy
Bademantel (m)	халат	χalat
Wäsche (f)	кир жуу	kir dʒuu
Waschmaschine (f)	кир жуучу машина	kir dʒuutʃu maʃina

| waschen (vt) | кир жуу | kir dʒuu |
| Waschpulver (n) | кир жуучу порошок | kir dʒuutʃu poroʃok |

68. Haushaltsgeräte

Fernseher (m)	сыналгы	sınalgı
Tonbandgerät (n)	магнитофон	magnitofon
Videorekorder (m)	видеомагнитофон	videomagnitofon
Empfänger (m)	үналгы	ynalgı
Player (m)	плеер	pleer

Videoprojektor (m)	видеопроектор	videoproektor
Heimkino (n)	үй кинотеатры	yj kinoteatrı
DVD-Player (m)	DVD ойноткуч	dividi ojnotkutʃ
Verstärker (m)	күчөткүч	kytʃøtkytʃ
Spielkonsole (f)	оюн приставкасы	ojun pristavkası

Videokamera (f)	видеокамера	videokamera
Kamera (f)	фотоаппарат	fotoapparat
Digitalkamera (f)	санарип камерасы	sanarip kamerası

Staubsauger (m)	чаң соргуч	tʃaŋ sorgutʃ
Bügeleisen (n)	үтүк	ytyk
Bügelbrett (n)	үтүктөөчү тактай	ytyktøøtʃy taktaj

Telefon (n)	телефон	telefon
Mobiltelefon (n)	мобилдик	mobildik
Schreibmaschine (f)	машинка	maʃinka
Nähmaschine (f)	кийим тигүүчү машинка	kijim tigyytʃy maʃinka

Mikrophon (n)	микрофон	mikrofon
Kopfhörer (m)	кулакчын	kulaktʃın
Fernbedienung (f)	пульт	puIʲt

CD (f)	CD, компакт-диск	sidi, kompakt-disk
Kassette (f)	кассета	kasseta
Schallplatte (f)	пластинка	plastinka

AKTIVITÄTEN DES MENSCHEN

Beruf. Geschäft. Teil 1

69. Büro. Arbeiten im Büro

Büro (Firmensitz)	офис	ofis
Büro (~ des Direktors)	кабинет	kabinet
Rezeption (f)	кабыл алуу катчысы	kabıl aluu kattʃısı
Sekretär (m)	катчы	kattʃı
Sekretärin (f)	катчы аял	kattʃı ajal
Direktor (m)	директор	direktor
Manager (m)	башкаруучу	baʃkaruutʃu
Buchhalter (m)	бухгалтер	buxgalter
Mitarbeiter (m)	кызматкер	kızmatker
Möbel (n)	эмерек	emerek
Tisch (m)	стол	stol
Schreibtischstuhl (m)	кресло	kreslo
Rollcontainer (m)	үкөк	ykøk
Kleiderständer (m)	кийим илгич	kijim ilgitʃ
Computer (m)	компьютер	kompjʉter
Drucker (m)	принтер	printer
Fax (n)	факс	faks
Kopierer (m)	көчүргүүчү аппарат	køtʃyryytʃy apparat
Papier (n)	кагаз	kagaz
Büromaterial (n)	кеңсе буюмдары	keŋse bujʉmdarı
Mousepad (n)	килемче	kilemtʃe
Blatt (n) Papier	баракча	baraktʃa
Ordner (m)	папка	papka
Katalog (m)	каталог	katalog
Adressbuch (n)	абоненттердин тизмеси	abonentterdin tizmesi
Dokumentation (f)	документтер	dokumentter
Broschüre (f)	китепче	kiteptʃe
Flugblatt (n)	баракча	baraktʃa
Muster (n)	үлгү	ylgy
Training (n)	окутуу	okutuu
Meeting (n)	кеңеш	keŋeʃ
Mittagspause (f)	түшкү танапис	tyʃky tanapis
eine Kopie machen	көчүрмө алуу	køtʃyrmø aluu
vervielfältigen (vt)	көбөйтүү	købøjtyy
ein Fax bekommen	факс алуу	faks aluu
ein Fax senden	факс жөнөтүү	faks dʒønøtyy

anrufen (vt)	чалуу	tʃaluu
antworten (vi)	жооп берүү	dʒoop beryy
verbinden (vt)	байланыштыруу	bajlanıʃtıruu
ausmachen (vt)	уюштуруу	ujuʃturuu
demonstrieren (vt)	көрсөтүү	kørsøtyy
fehlen (am Arbeitsplatz ~)	келбей калуу	kelbej kaluu
Abwesenheit (f)	барбай калуу	barbaj kaluu

70. Geschäftsabläufe. Teil 1

Geschäft (n) (z.B. ~ in Wolle)	иш	iʃ
Angelegenheit (f)	жумуш	dʒumuʃ
Firma (f)	фирма	firma
Gesellschaft (f)	компания	kompanija
Konzern (m)	корпорация	korporatsija
Unternehmen (n)	ишкана	iʃkana
Agentur (f)	агенттик	agenttik
Vereinbarung (f)	келишим	keliʃim
Vertrag (m)	контракт	kontrakt
Geschäft (Transaktion)	бүтүм	bytym
Auftrag (Bestellung)	буйрутма	bujrutma
Bedingung (f)	шарт	ʃart
en gros (im Großen)	дүңү менен	dyŋy menen
Großhandels-	дүңүнөн	dyŋynøn
Großhandel (m)	дүң соода	dyŋ sooda
Einzelhandels-	чекене	tʃekene
Einzelhandel (m)	чекене соода	tʃekene sooda
Konkurrent (m)	атаандаш	ataandaʃ
Konkurrenz (f)	атаандаштык	ataandaʃtık
konkurrieren (vi)	атаандашуу	ataandaʃuu
Partner (m)	өнөктөш	ønøktøʃ
Partnerschaft (f)	өнөктөштүк	ønøktøʃtyk
Krise (f)	каатчылык	kaattʃılık
Bankrott (m)	кудуретсиздик	kuduretsizdik
Bankrott machen	кудуретсиз калуу	kuduretsiz kaluu
Schwierigkeit (f)	кыйынчылык	kıjıntʃılık
Problem (n)	көйгөй	køjgøj
Katastrophe (f)	киши көрбөсүн	kiʃi kørbøsyn
Wirtschaft (f)	экономика	ekonomika
wirtschaftlich	экономикалык	ekonomikalık
Rezession (f)	экономикалык төмөндөө	ekonomikalık tømøndøø
Ziel (n)	максат	maksat
Aufgabe (f)	маселе	masele
handeln (Handel treiben)	соодалашуу	soodalaʃuu
Netz (Verkaufs-)	тармак	tarmak

| Lager (n) | кампа | kampa |
| Sortiment (n) | ассортимент | assortiment |

führende Unternehmen (n)	алдыңкы катардагы	aldıŋkı katardagı
groß (-e Firma)	ири	iri
Monopol (n)	монополия	monopolija

Theorie (f)	теория	teorija
Praxis (f)	тажрыйба	tadʒrıjba
Erfahrung (f)	тажрыйба	tadʒrıjba
Tendenz (f)	умтулуу	umtuluu
Entwicklung (f)	өнүгүү	ønygyy

71. Geschäftsabläufe. Teil 2

| Vorteil (m) | пайда | pajda |
| vorteilhaft | майнаптуу | majnaptuu |

Delegation (f)	делегация	delegatsija
Lohn (m)	кызмат акы	kızmat akı
korrigieren (vt)	түзөтүү	tyzøtyy
Dienstreise (f)	иш сапар	iʃ sapar
Kommission (f)	комиссия	komissija

kontrollieren (vt)	башкаруу	baʃkaruu
Konferenz (f)	иш жыйын	iʃ dʒıjın
Lizenz (f)	лицензия	litsenzija
zuverlässig	ишеничтүү	iʃenitʃtyy

Initiative (f)	демилге	demilge
Norm (f)	стандарт	standart
Umstand (m)	жагдай	dʒagdaj
Pflicht (f)	милдет	mildet

Unternehmen (n)	уюм	ujɵm
Organisation (Prozess)	уюштуруу	ujɵʃturuu
organisiert (Adj)	уюштурулган	ujɵʃturulgan
Abschaffung (f)	токтотуу	toktotuu
abschaffen (vt)	жокко чыгаруу	dʒokko tʃıgaruu
Bericht (m)	отчет	ottʃet

Patent (n)	патент	patent
patentieren (vt)	патентөө	patentøø
planen (vt)	пландаштыруу	plandaʃtıruu

Prämie (f)	сыйлык	sıjlık
professionell	кесипкөй	kesipkøj
Prozedur (f)	тартип	tartip

prüfen (Vertrag ~)	карап чыгуу	karap tʃıguu
Berechnung (f)	эсеп-кысап	esep-kısap
Ruf (m)	аброй	abroj
Risiko (n)	тобокел	tobokel
leiten (vt)	башкаруу	baʃkaruu

Informationen (pl)	маалымат	maalımat
Eigentum (n)	менчик	mentʃik
Bund (m)	бирикме	birikme

Lebensversicherung (f)	жашооны камсыздандыруу	dʒaʃoonu kamsızdandıruu
versichern (vt)	камсыздандыруу	kamsızdandıruu
Versicherung (f)	камсыздандыруу	kamsızdandıruu

Auktion (f)	тоорук	tooruk
benachrichtigen (vt)	билдирүү	bildiryy
Verwaltung (f)	башкаруу	baʃkaruu
Dienst (m)	кызмат	kızmat

Forum (n)	форум	forum
funktionieren (vi)	иш-милдетти аткаруу	iʃ-mildetti atkaruu
Etappe (f)	кадам	kadam
juristisch	укуктуу	ukuktuu
Jurist (m)	юрист	jurist

72. Fertigung. Arbeiten

Werk (n)	завод	zavod
Fabrik (f)	фабрика	fabrika
Werkstatt (f)	цех	tsex
Betrieb (m)	өндүрүш	øndyryʃ

Industrie (f)	өнөр-жай	ønør-dʒaj
Industrie-	өнөр-жай	ønør-dʒaj
Schwerindustrie (f)	оор өнөр-жай	oor ønør-dʒaj
Leichtindustrie (f)	жеңил өнөр-жай	dʒeŋil ønør-dʒaj

Produktion (f)	өндүрүм	øndyrym
produzieren (vt)	өндүрүү	øndyryy
Rohstoff (m)	чийки зат	tʃijki zat

Vorarbeiter (m), Meister (m)	бригадир	brigadir
Arbeitsteam (n)	бригада	brigada
Arbeiter (m)	жумушчу	dʒumuʃtʃu

Arbeitstag (m)	иш күнү	iʃ kyny
Pause (f)	тыныгуу	tınıguu
Versammlung (f)	чогулуш	tʃoguluʃ
besprechen (vt)	талкуулоо	talkuuloo

Plan (m)	план	plan
den Plan erfüllen	планды аткаруу	plandı atkaruu
Arbeitsertrag (m)	иштеп чыгаруу коюму	iʃtep tʃıgaruu kojumu
Qualität (f)	сапат	sapat
Prüfung, Kontrolle (f)	текшерүү	tekʃeryy
Gütekontrolle (f)	сапат текшерүү	sapat tekʃeryy

| Arbeitsplatzsicherheit (f) | эмгек коопсуздугу | emgek koopsuzdugu |
| Disziplin (f) | тартип | tartip |

| Übertretung (f) | бузуу | buzuu |
| übertreten (vt) | бузуу | buzuu |

Streik (m)	ишти калтыруу	iʃti kaltıruu
Streikender (m)	иш калтыргыч	iʃ kaltırgıtʃ
streiken (vi)	ишти калтыруу	iʃti kaltıruu
Gewerkschaft (f)	профсоюз	profsojʉz

erfinden (vt)	ойлоп табуу	ojlop tabuu
Erfindung (f)	ойлоп табылган нерсе	ojlop tabılgan nerse
Erforschung (f)	изилдөө	izildøø
verbessern (vt)	жакшыртуу	dʒakʃırtuu
Technologie (f)	технология	teχnologija
technische Zeichnung (f)	чийме	tʃijme

Ladung (f)	жүк	dʒyk
Ladearbeiter (m)	жүк ташуучу	dʒyk taʃuutʃu
laden (vt)	жүктөө	dʒyktøø
Beladung (f)	жүктөө	dʒyktøø
entladen (vt)	жүк түшүрүү	dʒyk tyʃuryy
Entladung (f)	жүк түшүрүү	dʒyk tyʃyryy

Transport (m)	транспорт	transport
Transportunternehmen (n)	транспорттук компания	transporttuk kompanija
transportieren (vt)	транспорт менен ташуу	transport menen taʃuu

Güterwagen (m)	вагон	vagon
Zisterne (f)	цистерна	tsısterna
Lastkraftwagen (m)	жүк ташуучу машина	dʒyk taʃuutʃu maʃina

| Werkzeugmaschine (f) | станок | stanok |
| Mechanismus (m) | механизм | meχanizm |

Industrieabfälle (pl)	таштандылар	taʃtandılar
Verpacken (n)	таңгактоо	tangaktoo
verpacken (vt)	таңгактоо	tangaktoo

73. Vertrag. Zustimmung

Vertrag (m), Auftrag (m)	контракт	kontrakt
Vereinbarung (f)	макулдашуу	makuldaʃuu
Anhang (m)	тиркеме	tirkeme

einen Vertrag abschließen	контракт түзүү	kontrakt tyzyy
Unterschrift (f)	кол тамга	kol tamga
unterschreiben (vt)	кол коюу	kol kojʉu
Stempel (m)	мөөр	møør

Vertragsgegenstand (m)	келишимдин предмети	keliʃimdin predmeti
Punkt (m)	пункт	punkt
Parteien (pl)	тараптар	taraptar
rechtmäßige Anschrift (f)	юридикалык дарек	jʉridikalık darek
Vertrag brechen	контракты бузуу	kontrakttı buzuu
Verpflichtung (f)	милдеттенме	mildettenme

Verantwortlichkeit (f)	жоопкерчилик	dӡoopkertʃilik
Force majeure (f)	форс-мажор	fors-madӡor
Streit (m)	талаш	talaʃ
Strafsanktionen (pl)	жаза чаралары	dӡaza tʃaraları

74. Import & Export

Import (m)	импорт	import
Importeur (m)	импорттоочу	importtootʃu
importieren (vt)	импорттоо	importtoo
Import-	импорт	import

Export (m)	экспорт	eksport
Exporteur (m)	экспорттоочу	eksporttootʃu
exportieren (vt)	экспорттоо	eksporttoo
Export-	экспорт	eksport

| Waren (pl) | товар | tovar |
| Partie (f), Ladung (f) | жүк тобу | dӡyk tobu |

Gewicht (n)	салмак	salmak
Volumen (n)	көлөм	køløm
Kubikmeter (m)	куб метр	kub metr

Hersteller (m)	өндүрүүчү	øndyryytʃy
Transportunternehmen (n)	транспорттук компания	transporttuk kompanija
Container (m)	контейнер	kontejner

Grenze (f)	чек ара	tʃek ara
Zollamt (n)	бажыкана	badӡıkana
Zoll (m)	бажы салык	badӡı salık
Zollbeamter (m)	бажы кызматкери	badӡı kızmatkeri
Schmuggel (m)	контрабанда	kontrabanda
Schmuggelware (f)	контрабанда	kontrabanda

75. Finanzen

Aktie (f)	акция	aktsija
Obligation (f)	баалуу кагаздар	baaluu kagazdar
Wechsel (m)	вексель	vekselʲ

| Börse (f) | биржа | birdӡa |
| Aktienkurs (m) | акциялар курсу | aktsijalar kursu |

| billiger werden | арзандоо | arzandoo |
| teuer werden | кымбаттоо | kımbattoo |

| Anteil (m) | үлүш | ylyʃ |
| Mehrheitsbeteiligung (f) | башкаруучу пакет | baʃkaruutʃu paket |

| Investitionen (pl) | салым | salım |
| investieren (vt) | салым кылуу | salım kıluu |

| Prozent (n) | пайыз | pajız |
| Zinsen (pl) | пайыз менен пайда | pajız menen pajda |

Gewinn (m)	пайда	pajda
gewinnbringend	майнаптуу	majnaptuu
Steuer (f)	салык	salık

Währung (f)	валюта	valʉta
Landes-	улуттук	uluttuk
Geldumtausch (m)	алмаштыруу	almaʃtıruu

| Buchhalter (m) | бухгалтер | buχgalter |
| Buchhaltung (f) | бухгалтерия | buχgalterija |

Bankrott (m)	кудуретсиздик	kuduretsizdik
Zusammenbruch (m)	кыйроо	kıjroo
Pleite (f)	жакырдануу	dʒakırdanuu
pleite gehen	жакырдануу	dʒakırdanuu
Inflation (f)	инфляция	inflʲatsija
Abwertung (f)	девальвация	devalʲvatsija

Kapital (n)	капитал	kapital
Einkommen (n)	киреше	kireʃe
Umsatz (m)	жүгүртүлүш	dʒygyrtylyʃ
Mittel (Reserven)	такоолдор	takooldor
Geldmittel (pl)	акча каражаттары	aktʃa karadʒattarı

| Gemeinkosten (pl) | кошумча чыгашалар | koʃumtʃa tʃıgaʃalar |
| reduzieren (vt) | кыскартуу | kıskartuu |

76. Marketing

Marketing (n)	базар таануу	bazar taanuu
Markt (m)	базар	bazar
Marktsegment (n)	базар сегменти	bazar segmenti
Produkt (n)	өнүм	ønym
Waren (pl)	товар	tovar

Schutzmarke (f)	соода маркасы	sooda markası
Handelsmarke (f)	соода маркасы	sooda markası
Firmenzeichen (n)	фирмалык белги	firmalık belgi
Logo (n)	логотип	logotip
Nachfrage (f)	талап	talap
Angebot (n)	сунуш	sunuʃ
Bedürfnis (n)	керек	kerek
Verbraucher (m)	керектөөчү	kerektøøtʃy

Analyse (f)	талдоо	taldoo
analysieren (vt)	талдоо	taldoo
Positionierung (f)	турак табуу	turak tabuu
positionieren (vt)	турак табуу	turak tabuu
Preis (m)	баа	baa
Preispolitik (f)	баа саясаты	baa sajasatı
Preisbildung (f)	баа чыгаруу	baa tʃıgaruu

77. Werbung

Deutsch	Kirgisisch (kyr.)	Kirgisisch (lat.)
Werbung (f)	жарнама	dʒarnama
werben (vt)	жарнамалоо	dʒarnamaloo
Budget (n)	бюджет	budʒet

Werbeanzeige (f)	жарнама	dʒarnama
Fernsehwerbung (f)	теле жарнама	tele dʒarnama
Radiowerbung (f)	радио жарнама	radio dʒarnama
Außenwerbung (f)	сырткы жарнама	sırtkı dʒarnama

Massenmedien (pl)	масс медия	mass medija
Zeitschrift (f)	мезгилдүү басылма	mezgildyy basılma
Image (n)	имидж	imidʒ

Losung (f)	лозунг	lozung
Motto (n)	ураан	uraan

Kampagne (f)	кампания	kampanija
Werbekampagne (f)	жарнамалык кампания	dʒarnamalık kampanija
Zielgruppe (f)	максаттуу топ	maksattuu top

Visitenkarte (f)	таанытма	taanıtma
Flugblatt (n)	баракча	baraktʃa
Broschüre (f)	китепче	kiteptʃe
Faltblatt (n)	кат-кат китепче	kat-kat kiteptʃe
Informationsblatt (n)	бюллетень	bulletenj

Firmenschild (n)	көрнөк	kørnøk
Plakat (n)	көрнөк	kørnøk
Werbeschild (n)	жарнамалык такта	dʒarnamalık takta

78. Bankgeschäft

Bank (f)	банк	bank
Filiale (f)	бөлүм	bølym

Berater (m)	кеңешчи	keŋeʃtʃi
Leiter (m)	башкаруучу	baʃkaruutʃu

Konto (n)	эсеп	esep
Kontonummer (f)	эсеп номери	esep nomeri
Kontokorrent (n)	учурдагы эсеп	utʃurdagı esep
Sparkonto (n)	топтолмо эсеп	toptolmo esep

ein Konto eröffnen	эсеп ачуу	esep atʃuu
das Konto schließen	эсеп жабуу	esep dʒabuu
einzahlen (vt)	эсепке акча салуу	esepke aktʃa saluu
abheben (vt)	эсептен акча чыгаруу	esepten aktʃa tʃıgaruu

Einzahlung (f)	аманат	amanat
eine Einzahlung machen	аманат кылуу	amanat kıluu
Überweisung (f)	акча которуу	aktʃa kotoruu

überweisen (vt)	акча которуу	aktʃa kotoruu
Summe (f)	сумма	summa
Wieviel?	Канча?	kantʃa?
Unterschrift (f)	кол тамга	kol tamga
unterschreiben (vt)	кол коюу	kol kojʉu
Kreditkarte (f)	насыя картасы	nasıja kartası
Code (m)	код	kod
Kreditkartennummer (f)	насыя картанын номери	nasıja kartanın nomeri
Geldautomat (m)	банкомат	bankomat
Scheck (m)	чек	tʃek
einen Scheck schreiben	чек жазып берүү	tʃek dʒazıp beryy
Scheckbuch (n)	чек китепчеси	tʃek kiteptʃesi
Darlehen (m)	насыя	nasıja
ein Darlehen beantragen	насыя үчүн кайрылуу	nasıja ytʃyn kajrıluu
ein Darlehen aufnehmen	насыя алуу	nasıja aluu
ein Darlehen geben	насыя берүү	nasıja beryy
Sicherheit (f)	кепилдик	kepildik

79. Telefon. Telefongespräche

Telefon (n)	телефон	telefon
Mobiltelefon (n)	мобилдик	mobildik
Anrufbeantworter (m)	автоматтык жооп берүүчү	avtomattık dʒoop beryytʃy
anrufen (vt)	чалуу	tʃaluu
Anruf (m)	чакыруу	tʃakıruu
eine Nummer wählen	номер терүү	nomer teryy
Hallo!	Алло!	allo!
fragen (vt)	суроо	suroo
antworten (vi)	жооп берүү	dʒoop beryy
hören (vt)	угуу	uguu
gut (~ aussehen)	жакшы	dʒakʃı
schlecht (Adv)	жаман	dʒaman
Störungen (pl)	ызы-чуу	ızı-tʃuu
Hörer (m)	трубка	trubka
den Hörer abnehmen	трубканы алуу	trubkanı aluu
auflegen (den Hörer ~)	трубканы коюу	trubkanı kojʉu
besetzt	бош эмес	boʃ emes
läuten (vi)	шыңгыроо	ʃıŋgıroo
Telefonbuch (n)	телефондук китепче	telefonduk kiteptʃe
Orts-	жергиликтүү	dʒergiliktyy
Ortsgespräch (n)	жергиликтүү чакыруу	dʒergiliktyy tʃakıruu
Auslands-	эл аралык	el aralık
Auslandsgespräch (n)	эл аралык чакыруу	el aralık tʃakıruu
Fern-	шаар аралык	ʃaar aralık
Ferngespräch (n)	шаар аралык чакыруу	ʃaar aralık tʃakıruu

80. Mobiltelefon

Mobiltelefon (n)	мобилдик	mobildik
Display (n)	дисплей	displej
Knopf (m)	баскыч	baskıtʃ
SIM-Karte (f)	SIM-карта	sim-karta
Batterie (f)	батарея	batareja
leer sein (Batterie)	зарядканын түгөнүүсү	zarʲadkanın tygønyysy
Ladegerät (n)	заряддоочу шайман	zarʲaddootʃu ʃajman
Menü (n)	меню	menu
Einstellungen (pl)	орнотуулар	ornotuular
Melodie (f)	обон	obon
auswählen (vt)	тандоо	tandoo
Rechner (m)	калькулятор	kalʲkulʲator
Anrufbeantworter (m)	автоматтык жооп бергич	avtomattık dʒoop bergitʃ
Wecker (m)	ойготкуч	ojgotkutʃ
Kontakte (pl)	байланыштар	bajlanıʃtar
SMS-Nachricht (f)	SMS-кабар	esemes-kabar
Teilnehmer (m)	абонент	abonent

81. Bürobedarf

Kugelschreiber (m)	калем сап	kalem sap
Federhalter (m)	калем уч	kalem utʃ
Bleistift (m)	карандаш	karandaʃ
Faserschreiber (m)	маркер	marker
Filzstift (m)	фломастер	flomaster
Notizblock (m)	дептерче	deptertʃe
Terminkalender (m)	күндөлүк	kyndølyk
Lineal (n)	сызгыч	sızgıtʃ
Rechner (m)	калькулятор	kalʲkulʲator
Radiergummi (m)	өчүргүч	øtʃyrgytʃ
Reißzwecke (f)	кнопка	knopka
Heftklammer (f)	кыскыч	kıskıtʃ
Klebstoff (m)	желим	dʒelim
Hefter (m)	степлер	stepler
Locher (m)	тешкич	teʃkitʃ
Bleistiftspitzer (m)	учтагыч	utʃtagıtʃ

82. Geschäftsarten

Buchführung (f)	бухгалтердик кызмат	buxgalterdik kızmat
Werbung (f)	жарнама	dʒarnama

T&P Books. Wortschatz Deutsch-Kirgisisch für das Selbststudium - 5000 Wörter

Werbeagentur (f)	жарнама агенттиги	dʒarnama agenttigi
Klimaanlagen (pl)	аба желдеткичтер	aba dʒeldetkitʃter
Fluggesellschaft (f)	авиакомпания	aviakompanija

Spirituosen (pl)	алкоголь ичимдиктери	alkogolʲ itʃimdikteri
Antiquitäten (pl)	антиквариат	antikvariat
Kunstgalerie (f)	арт-галерея	art-galereja
Rechnungsprüfung (f)	аудиторлук кызмат	auditorluk kızmat

Bankwesen (n)	банк бизнеси	bank biznesi
Bar (f)	бар	bar
Schönheitssalon (m)	сулуулук салону	suluuluk salonu
Buchhandlung (f)	китеп дүкөнү	kitep dykøny
Bierbrauerei (f)	сыра чыгаруучу жай	sıra tʃıgaruutʃu dʒaj
Bürogebäude (n)	бизнес-борбор	biznes-borbor
Business-Schule (f)	бизнес-мектеп	biznes-mektep

Kasino (n)	казино	kazino
Bau (m)	курулуш	kuruluʃ
Beratung (f)	консалтинг	konsalting

Stomatologie (f)	стоматология	stomatologija
Design (n)	дизайн	dizajn
Apotheke (f)	дарыкана	darıkana
chemische Reinigung (f)	химиялык тазалоо	ximijalık tazaloo
Personalagentur (f)	кадрдык агенттиги	kadrdık agenttigi

Finanzdienstleistungen (pl)	каржылык кызматтар	kardʒılık kızmattar
Nahrungsmittel (pl)	азык-түлүк	azık-tylyk
Bestattungsinstitut (n)	ырасым бюросу	ırasım bʉrosu
Möbel (n)	эмерек	emerek
Kleidung (f)	кийим	kijim
Hotel (n)	мейманкана	mejmankana

Eis (n)	бал муздак	bal muzdak
Industrie (f)	өнөр-жай	ønør-dʒaj
Versicherung (f)	камсыздандыруу	kamsızdandıruu
Internet (n)	интернет	internet
Investitionen (pl)	салымдар	salımdar

Juwelier (m)	зергер	zerger
Juwelierwaren (pl)	зер буюмдар	zer bujʉmdar
Wäscherei (f)	кир жуу ишканасы	kir dʒuu iʃkanası
Rechtsberatung (f)	юридикалык кызматтар	jʉridikalık kızmattar
Leichtindustrie (f)	жеңил өнөр-жай	dʒeŋil ønør-dʒaj

| Zeitschrift (f) | журнал | dʒurnal |
| Versandhandel (m) | каталог боюнча соода-сатык | katalog bojʉntʃa sooda-satık |

Medizin (f)	медицина	meditsina
Kino (Filmtheater)	кинотеатр	kinoteatr
Museum (n)	музей	muzej

Nachrichtenagentur (f)	жаңылыктар агенттиги	dʒaŋılıktar agenttigi
Zeitung (f)	гезит	gezit
Nachtklub (m)	түнкү клуб	tynky klub

Erdöl (n)	мунайзат	munajzat
Kurierdienst (m)	чабармандык кызматы	tʃabarmandık kızmatı
Pharmaindustrie (f)	фармацевтика	farmatsevtika
Druckindustrie (f)	полиграфия	poligrafija
Verlag (m)	басмакана	basmakana
Rundfunk (m)	үналгы	ynalgı
Immobilien (pl)	кыймылсыз мүлк	kıjmılsız mylk
Restaurant (n)	ресторан	restoran
Sicherheitsagentur (f)	күзөт агенттиги	kyzøt agenttigi
Sport (m)	спорт	sport
Börse (f)	биржа	birdʒa
Laden (m)	дүкөн	dykøn
Supermarkt (m)	супермаркет	supermarket
Schwimmbad (n)	бассейн	bassejn
Atelier (n)	ателье	atelje
Fernsehen (n)	телекөрсөтүү	telekørsøtyy
Theater (n)	театр	teatr
Handel (m)	соода	sooda
Transporte (pl)	ташып жеткирүү	taʃıp dʒetkiryy
Reisen (pl)	туризм	turizm
Tierarzt (m)	мал доктуру	mal dokturu
Warenlager (n)	кампа	kampa
Müllabfuhr (f)	таштанды чыгаруу	taʃtandı tʃıgaruu

Arbeit. Geschäft. Teil 2

83. Show. Ausstellung

Ausstellung (f)	көргөзмө	körgözmö
Handelsausstellung (f)	соода көргөзмөсү	sooda körgözmösy
Teilnahme (f)	катышуу	katıʃuu
teilnehmen (vi)	катышуу	katıʃuu
Teilnehmer (m)	катышуучу	katıʃuutʃu
Direktor (m)	директор	direktor
Messeverwaltung (f)	уюштуруу комитети	ujyʃturuu komiteti
Organisator (m)	уюштуруучу	ujyʃturuutʃu
veranstalten (vt)	уюштуруу	ujyʃturuu
Anmeldeformular (n)	катышууга ынта билдирмеси	katıʃuuga ınta bildirmesi
ausfüllen (vt)	толтуруу	tolturuu
Details (pl)	ийне-жиби	ijne-dʒibi
Information (f)	маалымат	maalımat
Preis (m)	баа	baa
einschließlich	кошуп	koʃup
einschließen (vt)	кошулган	koʃulgan
zahlen (vt)	төлөө	tölöö
Anmeldegebühr (f)	каттоо төгүмү	kattoo tögymy
Eingang (m)	кирүү	kiryy
Pavillon (m)	павильон	pavilʲon
registrieren (vt)	каттоо	kattoo
Namensschild (n)	төшбелги	töʃbelgi
Stand (m)	көргөзмө стенди	körgözmö stendi
reservieren (vt)	камдык буйрутмалоо	kamdık bujrutmaloo
Vitrine (f)	айнек стенд	ajnek stend
Strahler (m)	чырак	tʃırak
Design (n)	дизайн	dizajn
stellen (vt)	жайгаштыруу	dʒajgaʃtıruu
gelegen sein	жайгашуу	dʒajgaʃuu
Distributor (m)	дистрибьютор	distribjytor
Lieferant (m)	жеткирип берүүчү	dʒetkirip beryytʃy
liefern (vt)	жеткирип берүү	dʒetkirip beryy
Land (n)	өлкө	ölkö
ausländisch	чет өлкөлүк	tʃet ölkölyk
Produkt (n)	өнүм	önym
Assoziation (f)	ассоциация	assotsiatsija

Konferenzraum (m)	конференц-зал	konferents-zal
Kongress (m)	конгресс	kongress
Wettbewerb (m)	жарыш	dʒarıʃ

Besucher (m)	келүүчү	kelyytʃy
besuchen (vt)	баш багуу	baʃ baguu
Auftraggeber (m)	кардар	kardar

84. Wissenschaft. Forschung. Wissenschaftler

Wissenschaft (f)	илим	ilim
wissenschaftlich	илимий	ilimij
Wissenschaftler (m)	илимпоз	ilimpoz
Theorie (f)	теория	teorija

Axiom (n)	аксиома	aksioma
Analyse (f)	талдоо	taldoo
analysieren (vt)	талдоо	taldoo
Argument (n)	далил	dalil
Substanz (f)	зат	zat

Hypothese (f)	гипотеза	gipoteza
Dilemma (n)	дилемма	dilemma
Dissertation (f)	диссертация	dissertatsija
Dogma (n)	догма	dogma

Doktrin (f)	доктрина	doktrina
Forschung (f)	изилдөө	izildøø
forschen (vi)	изилдөө	izildøø
Kontrolle (f)	сынак	sınak
Labor (n)	лаборатория	laboratorija

Methode (f)	ыкма	ıkma
Molekül (n)	молекула	molekula
Monitoring (n)	бейлөө	bejløø
Entdeckung (f)	таап ачуу	taap atʃuu

Postulat (n)	постулат	postulat
Prinzip (n)	усул	usul
Prognose (f)	божомол	bodʒomol
prognostizieren (vt)	алдын ала айтуу	aldın ala ajtuu

Synthese (f)	синтез	sintez
Tendenz (f)	умтулуу	umtuluu
Theorem (n)	теорема	teorema

Lehre (Doktrin)	окуу	okuu
Tatsache (f)	далил	dalil
Expedition (f)	экспедиция	ekspeditsija
Experiment (n)	тажрыйба	tadʒrıjba

Akademiemitglied (n)	академик	akademik
Bachelor (m)	бакалавр	bakalavr
Doktor (m)	доктор	doktor

Dozent (m)	доцент	dotsent
Magister (m)	магистр	magistr
Professor (m)	профессор	professor

Berufe und Tätigkeiten

85. Arbeitsuche. Kündigung

Arbeit (f), Stelle (f)	иш	iʃ
Belegschaft (f)	жамаат	dʒamaat
Personal (n)	жамаат курамы	dʒamaat kuramı

Karriere (f)	мансап	mansap
Perspektive (f)	перспектива	perspektiva
Können (n)	чеберчилик	tʃebertʃilik

Auswahl (f)	тандоо	tandoo
Personalagentur (f)	кадрдык агенттиги	kadrdık agenttigi
Lebenslauf (m)	таржымал	tardʒımal
Vorstellungsgespräch (n)	аңгемелешүү	aŋgemeleʃyy
Vakanz (f)	жумуш орун	dʒumuʃ orun

Gehalt (n)	эмгек акы	emgek akı
festes Gehalt (n)	маяна	majana
Arbeitslohn (m)	акысын төлөө	akısın tøløø

Stellung (f)	кызмат орун	kızmat orun
Pflicht (f)	милдет	mildet
Aufgabenspektrum (n)	милдеттенмелер	mildettenmeler
beschäftigt	бош эмес	boʃ emes

| kündigen (vt) | бошотуу | boʃotuu |
| Kündigung (f) | бошотуу | boʃotuu |

Arbeitslosigkeit (f)	жумушсуздук	dʒumuʃsuzduk
Arbeitslose (m)	жумушсуз	dʒumuʃsuz
Rente (f), Ruhestand (m)	бааракы	baarakı
in Rente gehen	ардактуу эс алууга чыгуу	ardaktuu es aluuga tʃıguu

86. Geschäftsleute

Direktor (m)	директор	direktor
Leiter (m)	башкаруучу	baʃkaruutʃu
Boss (m)	башкаруучу	baʃkaruutʃu

Vorgesetzte (m)	башчы	baʃtʃı
Vorgesetzten (pl)	башчылар	baʃtʃılar
Präsident (m)	президент	prezident
Vorsitzende (m)	төрага	tøraga

| Stellvertreter (m) | орун басар | orun basar |
| Helfer (m) | жардамчы | dʒardamtʃı |

| Sekretär (m) | катчы | kattʃı |
| Privatsekretär (m) | жеке катчы | dʒeke kattʃı |

Geschäftsmann (m)	бизнесмен	biznesmen
Unternehmer (m)	ишкер	iʃker
Gründer (m)	негиздөөчү	negizdøøtʃy
gründen (vt)	негиздөө	negizdøø

Gründungsmitglied (n)	уюмдаштыруучу	ujʉmdaʃtıruutʃu
Partner (m)	өнөктөш	ønøktøʃ
Aktionär (m)	акция кармоочу	aktsija karmootʃu

Millionär (m)	миллионер	millioner
Milliardär (m)	миллиардер	milliarder
Besitzer (m)	ээси	eesi
Landbesitzer (m)	жер ээси	dʒer eesi

Kunde (m)	кардар	kardar
Stammkunde (m)	туруктуу кардар	turuktuu kardar
Käufer (m)	сатып алуучу	satıp aluutʃu
Besucher (m)	келүүчү	kelyytʃy

Fachmann (m)	кесипкөй	kesipkøj
Experte (m)	ишбилги	iʃbilgi
Spezialist (m)	адис	adis

| Bankier (m) | банкир | bankir |
| Makler (m) | далдалчы | daldaltʃı |

Kassierer (m)	кассир	kassir
Buchhalter (m)	бухгалтер	buχgalter
Wächter (m)	кароолчу	karooltʃu

Investor (m)	салым кошуучу	salım koʃuutʃu
Schuldner (m)	карыздар	karızdar
Gläubiger (m)	насыя алуучу	nasıja aluutʃu
Kreditnehmer (m)	карызга алуучу	karızga aluutʃu

| Importeur (m) | импорттоочу | importtootʃu |
| Exporteur (m) | экспорттоочу | eksporttootʃu |

Hersteller (m)	өндүрүүчү	øndyryytʃy
Distributor (m)	дистрибьютор	distribjʉtor
Vermittler (m)	ортомчу	ortomtʃu

Berater (m)	кеңешчи	keŋeʃtʃi
Vertreter (m)	сатуу агенти	satuu agenti
Agent (m)	агент	agent
Versicherungsagent (m)	камсыздандыруучу агент	kamsızdandıruutʃu agent

87. Dienstleistungsberufe

| Koch (m) | ашпозчу | aʃpoztʃu |
| Chefkoch (m) | башкы ашпозчу | baʃkı aʃpoztʃu |

Bäcker (m)	навайчы	navajtʃı
Barmixer (m)	бармен	barmen
Kellner (m)	официант	ofitsiant
Kellnerin (f)	официант кыз	ofitsiant kız

Rechtsanwalt (m)	жактоочу	dʒaktootʃu
Jurist (m)	юрист	jurist
Notar (m)	нотариус	notarius

Elektriker (m)	электрик	elektrik
Klempner (m)	сантехник	santeχnik
Zimmermann (m)	жыгач уста	dʒıgatʃ usta

Masseur (m)	укалоочу	ukalootʃu
Masseurin (f)	укалоочу	ukalootʃu
Arzt (m)	доктур	doktur

Taxifahrer (m)	такси айдоочу	taksi ajdootʃu
Fahrer (m)	айдоочу	ajdootʃu
Ausfahrer (m)	жеткирүүчү	dʒetkiryytʃy

Zimmermädchen (n)	үй кызматкери	yj kızmatkeri
Wächter (m)	кароолчу	karooltʃu
Flugbegleiterin (f)	стюардесса	stuardessa

Lehrer (m)	мугалим	mugalim
Bibliothekar (m)	китепканачы	kitepkanatʃı
Übersetzer (m)	котормочу	kotormotʃu
Dolmetscher (m)	оозеки котормочу	oozeki kotormotʃu
Fremdenführer (m)	гид	gid

Friseur (m)	чач тарач	tʃatʃ taratʃ
Briefträger (m)	кат ташуучу	kat taʃuutʃu
Verkäufer (m)	сатуучу	satuutʃu

Gärtner (m)	багбанчы	bagbantʃı
Diener (m)	үй кызматчы	yj kızmattʃı
Magd (f)	үй кызматчы аял	yj kızmattʃı ajal
Putzfrau (f)	тазалагыч	tazalagıtʃ

88. Militärdienst und Ränge

einfacher Soldat (m)	катардагы жоокер	katardagı dʒooker
Feldwebel (m)	сержант	serdʒant
Leutnant (m)	лейтенант	lejtenant
Hauptmann (m)	капитан	kapitan

Major (m)	майор	major
Oberst (m)	полковник	polkovnik
General (m)	генерал	general
Marschall (m)	маршал	marʃal
Admiral (m)	адмирал	admiral
Militärperson (f)	аскер кызматчысы	asker kızmattʃısı
Soldat (m)	аскер	asker

| Offizier (m) | офицер | ofitser |
| Kommandeur (m) | командир | komandir |

Grenzsoldat (m)	чек арачы	tʃek aratʃı
Funker (m)	радист	radist
Aufklärer (m)	чалгынчы	tʃalgıntʃı
Pionier (m)	сапёр	sapʲor
Schütze (m)	аткыч	atkıtʃ
Steuermann (m)	штурман	ʃturman

89. Beamte. Priester

| König (m) | король, падыша | korolʲ, padıʃa |
| Königin (f) | ханыша | χanıʃa |

| Prinz (m) | канзаада | kanzaada |
| Prinzessin (f) | ханбийке | χanbijke |

| Zar (m) | падыша | padıʃa |
| Zarin (f) | ханыша | χanıʃa |

Präsident (m)	президент	prezident
Minister (m)	министр	ministr
Ministerpräsident (m)	премьер-министр	premjer-ministr
Senator (m)	сенатор	senator

Diplomat (m)	дипломат	diplomat
Konsul (m)	консул	konsul
Botschafter (m)	элчи	eltʃi
Ratgeber (m)	кеңешчи	keŋeʃtʃi

Beamte (m)	аткаминер	atkaminer
Präfekt (m)	префект	prefekt
Bürgermeister (m)	мэр	mer

| Richter (m) | сот | sot |
| Staatsanwalt (m) | прокурор | prokuror |

Missionar (m)	миссионер	missioner
Mönch (m)	кечил	ketʃil
Abt (m)	аббат	abbat
Rabbiner (m)	раввин	ravvin

Wesir (m)	визирь	vizirʲ
Schah (n)	шах	ʃaχ
Scheich (m)	шейх	ʃejχ

90. Landwirtschaftliche Berufe

Bienenzüchter (m)	балчы	baltʃı
Hirt (m)	чабан	tʃaban
Agronom (m)	агроном	agronom

Viehzüchter (m)	малчы	maltʃı
Tierarzt (m)	мал доктуру	mal dokturu
Farmer (m)	фермер	fermer
Winzer (m)	вино жасоочу	vino dʒasootʃu
Zoologe (m)	зоолог	zoolog
Cowboy (m)	ковбой	kovboj

91. Künstler

Schauspieler (m)	актёр	aktior
Schauspielerin (f)	актриса	aktrisa
Sänger (m)	ырчы	ırtʃı
Sängerin (f)	ырчы кыз	ırtʃı kız
Tänzer (m)	бийчи жигит	bijtʃi dʒigit
Tänzerin (f)	бийчи кыз	bijtʃi kız
Künstler (m)	аткаруучу	atkaruutʃu
Künstlerin (f)	аткаруучу	atkaruutʃu
Musiker (m)	музыкант	muzıkant
Pianist (m)	пианист	pianist
Gitarrist (m)	гитарист	gitarist
Dirigent (m)	дирижёр	diridʒior
Komponist (m)	композитор	kompozitor
Manager (m)	импресарио	impresario
Regisseur (m)	режиссёр	redʒissior
Produzent (m)	продюсер	produser
Drehbuchautor (m)	сценарист	stsenarist
Kritiker (m)	сынчы	sıntʃı
Schriftsteller (m)	жазуучу	dʒazuutʃu
Dichter (m)	акын	akın
Bildhauer (m)	бедизчи	bediztʃi
Maler (m)	сүретчү	syrøttʃy
Jongleur (m)	жонглёр	dʒonglior
Clown (m)	маскарапоз	maskarapoz
Akrobat (m)	акробат	akrobat
Zauberkünstler (m)	көз боечу	køz boetʃu

92. Verschiedene Berufe

Arzt (m)	доктур	doktur
Krankenschwester (f)	медсестра	medsestra
Psychiater (m)	психиатр	psixiatr
Zahnarzt (m)	тиш доктур	tiʃ doktur
Chirurg (m)	хирург	xirurg

Astronaut (m)	астронавт	astronavt
Astronom (m)	астроном	astronom
Pilot (m)	учкуч	utʃkutʃ
Fahrer (Taxi-)	айдоочу	ajdootʃu
Lokomotivführer (m)	машинист	maʃinist
Mechaniker (m)	механик	meχanik
Bergarbeiter (m)	кенчи	kentʃi
Arbeiter (m)	жумушчу	dʒumuʃtʃu
Schlosser (m)	слесарь	slesarʲ
Tischler (m)	жыгач уста	dʒıgatʃ usta
Dreher (m)	токарь	tokarʲ
Bauarbeiter (m)	куруучу	kuruutʃu
Schweißer (m)	ширеткич	ʃiretkitʃ
Professor (m)	профессор	professor
Architekt (m)	архитектор	arχitektor
Historiker (m)	тарыхчы	tarıχtʃı
Wissenschaftler (m)	илимпоз	ilimpoz
Physiker (m)	физик	fizik
Chemiker (m)	химик	χimik
Archäologe (m)	археолог	arχeolog
Geologe (m)	геолог	geolog
Forscher (m)	изилдөөчү	izildøøtʃy
Kinderfrau (f)	бала баккыч	bala bakkıtʃ
Lehrer (m)	мугалим	mugalim
Redakteur (m)	редактор	redaktor
Chefredakteur (m)	башкы редактор	baʃkı redaktor
Korrespondent (m)	кабарчы	kabartʃı
Schreibkraft (f)	машинистка	maʃinistka
Designer (m)	дизайнер	dizajner
Computerspezialist (m)	компьютер адиси	kompjuter adisi
Programmierer (m)	программист	programmist
Ingenieur (m)	инженер	indʒener
Seemann (m)	деңизчи	deŋiztʃi
Matrose (m)	матрос	matros
Retter (m)	куткаруучу	kutkaruutʃu
Feuerwehrmann (m)	өрт өчүргүч	ørt øtʃyrgytʃ
Polizist (m)	полиция кызматкери	politsija kızmatkeri
Nachtwächter (m)	кароолчу	karooltʃu
Detektiv (m)	аңдуучу	aŋduutʃu
Zollbeamter (m)	бажы кызматкери	badʒı kızmatkeri
Leibwächter (m)	жан сакчы	dʒan saktʃı
Gefängniswärter (m)	күзөтчү	kyzøttʃy
Inspektor (m)	инспектор	inspektor
Sportler (m)	спортчу	sporttʃu
Trainer (m)	машыктыруучу	maʃıktıruutʃu

Fleischer (m)	касапчы	kasaptʃı
Schuster (m)	өтүкчү	øtyktʃy
Geschäftsmann (m)	жеке соодагер	dʒeke soodager
Ladearbeiter (m)	жүк ташуучу	dʒyk taʃuutʃu

| Modedesigner (m) | модельер | modeljer |
| Modell (n) | модель | modelʲ |

93. Beschäftigung. Sozialstatus

| Schüler (m) | окуучу | okuutʃu |
| Student (m) | студент | student |

Philosoph (m)	философ	filosof
Ökonom (m)	экономист	ekonomist
Erfinder (m)	ойлоп табуучу	ojlop tabuutʃu

Arbeitslose (m)	жумушсуз	dʒumuʃsuz
Rentner (m)	бааргер	baarger
Spion (m)	тыңчы	tıŋtʃı

Gefangene (m)	камактагы адам	kamaktagı adam
Streikender (m)	иш калтыргыч	iʃ kaltırgıtʃ
Bürokrat (m)	бюрократ	bʉrokrat
Reisende (m)	саякатчы	sajakattʃı

Homosexuelle (m)	гомосексуалист	gomoseksualist
Hacker (m)	хакер	χaker
Hippie (m)	хиппи	χippi

Bandit (m)	ууру-кески	uuru-keski
Killer (m)	жалданма киши өлтүргүч	dʒaldanma kiʃi øltyrgytʃ
Drogenabhängiger (m)	баңги	baŋgi
Drogenhändler (m)	баңгизат сатуучу	baŋgizat satuutʃu
Prostituierte (f)	сойку	sojku
Zuhälter (m)	жан бакты	dʒan baktı

Zauberer (m)	жадыгөй	dʒadıgøj
Zauberin (f)	жадыгөй	dʒadıgøj
Seeräuber (m)	деңиз каракчысы	deŋiz karaktʃısı
Sklave (m)	кул	kul
Samurai (m)	самурай	samuraj
Wilde (m)	жапайы	dʒapajı

Ausbildung

94. Schule

| Schule (f) | мектеп | mektep |
| Schulleiter (m) | мектеп директору | mektep direktoru |

Schüler (m)	окуучу бала	okuutʃu bala
Schülerin (f)	окуучу кыз	okuutʃu kız
Schuljunge (m)	окуучу	okuutʃu
Schulmädchen (f)	окуучу кыз	okuutʃu kız

lehren (vt)	окутуу	okutuu
lernen (Englisch ~)	окуу	okuu
auswendig lernen	жаттоо	dʒattoo

lernen (vi)	үйрөнүү	yjrønyy
in der Schule sein	мектепке баруу	mektepke baruu
die Schule besuchen	окууга баруу	okuuga baruu

| Alphabet (n) | алфавит | alfavit |
| Fach (n) | сабак | sabak |

Klassenraum (m)	класс	klass
Stunde (f)	сабак	sabak
Pause (f)	танапис	tanapis
Schulglocke (f)	коңгуроо	koŋguroo
Schulbank (f)	парта	parta
Tafel (f)	такта	takta

Note (f)	баа	baa
gute Note (f)	жакшы баа	dʒakʃı baa
schlechte Note (f)	жаман баа	dʒaman baa
eine Note geben	баа коюу	baa kojʉu

Fehler (m)	ката	kata
Fehler machen	ката кетирүү	kata ketiryy
korrigieren (vt)	түзөтүү	tyzøtyy
Spickzettel (m)	шпаргалка	ʃpargalka

| Hausaufgabe (f) | үй иши | yj iʃi |
| Übung (f) | көнүгүү | kønygyy |

anwesend sein	катышуу	katıʃuu
fehlen (in der Schule ~)	келбей калуу	kelbej kaluu
versäumen (Schule ~)	сабактарды калтыруу	sabaktardı kaltıruu

bestrafen (vt)	жазалоо	dʒazaloo
Strafe (f)	жаза	dʒaza
Benehmen (n)	жүрүм-турум	dʒyrym-turum

Zeugnis (n)	күндөлүк	kyndølyk
Bleistift (m)	карандаш	karandaʃ
Radiergummi (m)	өчүргүч	øtʃyrgytʃ
Kreide (f)	бор	bor
Federkasten (m)	калем салгыч	kalem salgıtʃ
Schulranzen (m)	портфель	portfelʲ
Kugelschreiber, Stift (m)	калем сап	kalem sap
Heft (n)	дептер	depter
Lehrbuch (n)	китеп	kitep
Zirkel (m)	циркуль	tsırkulʲ
zeichnen (vt)	чийүү	tʃijyy
Zeichnung (f)	чийме	tʃijme
Gedicht (n)	ыр сап	ır sap
auswendig (Adv)	жатка	dʒatka
auswendig lernen	жаттоо	dʒattoo
Ferien (pl)	эс алуу	es aluu
in den Ferien sein	эс алууда болуу	es aluuda boluu
Ferien verbringen	эс алууну өткөзүү	es aluunu øtkøzyy
Test (m), Prüfung (f)	текшерүү иш	tekʃeryy iʃ
Aufsatz (m)	дил баян	dil bajan
Diktat (n)	жат жаздыруу	dʒat dʒazdıruu
Prüfung (f)	экзамен	ekzamen
Prüfungen ablegen	экзамен тапшыруу	ekzamen tapʃıruu
Experiment (n)	тажрыйба	tadʒrıjba

95. Hochschule. Universität

Akademie (f)	академия	akademija
Universität (f)	университет	universitet
Fakultät (f)	факультет	fakulʲtet
Student (m)	студент бала	student bala
Studentin (f)	студент кыз	student kız
Lehrer (m)	мугалим	mugalim
Hörsaal (m)	дарскана	darskana
Hochschulabsolvent (m)	окуу жайды бүтүрүүчү	okuu dʒajdı bytyryytʃy
Diplom (n)	диплом	diplom
Dissertation (f)	диссертация	dissertatsija
Forschung (f)	изилдөө	izildøø
Labor (n)	лаборатория	laboratorija
Vorlesung (f)	лекция	lektsija
Kommilitone (m)	курсташ	kurstaʃ
Stipendium (n)	стипендия	stipendija
akademischer Grad (m)	илимий даража	ilimij daradʒa

96. Naturwissenschaften. Fächer

Mathematik (f)	математика	matematika
Algebra (f)	алгебра	algebra
Geometrie (f)	геометрия	geometrija
Astronomie (f)	астрономия	astronomija
Biologie (f)	биология	biologija
Erdkunde (f)	география	geografija
Geologie (f)	геология	geologija
Geschichte (f)	тарых	tarıx
Medizin (f)	медицина	meditsina
Pädagogik (f)	педагогика	pedagogika
Recht (n)	укук	ukuk
Physik (f)	физика	fizika
Chemie (f)	химия	ximija
Philosophie (f)	философия	filosofija
Psychologie (f)	психология	psixologija

97. Schrift. Rechtschreibung

Grammatik (f)	грамматика	grammatika
Lexik (f)	лексика	leksika
Phonetik (f)	фонетика	fonetika
Substantiv (n)	зат атооч	zat atootʃ
Adjektiv (n)	сын атооч	sın atootʃ
Verb (n)	этиш	etiʃ
Adverb (n)	тактооч	taktootʃ
Pronomen (n)	ат атооч	at atootʃ
Interjektion (f)	сырдык сөз	sırdık søz
Präposition (f)	препозиция	prepozitsija
Wurzel (f)	сөздүн уңгусу	søzdyn uŋgusu
Endung (f)	жалгоо	dʒalgoo
Vorsilbe (f)	префикс	prefiks
Silbe (f)	муун	muun
Suffix (n), Nachsilbe (f)	суффикс	suffiks
Betonung (f)	басым	basım
Apostroph (m)	апостроф	apostrof
Punkt (m)	чекит	tʃekit
Komma (n)	үтүр	ytyr
Semikolon (n)	чекитүү үтүр	tʃekityy ytyr
Doppelpunkt (m)	кош чекит	koʃ tʃekit
Auslassungspunkte (pl)	көп чекит	køp tʃekit
Fragezeichen (n)	суроо белгиси	suroo belgisi
Ausrufezeichen (n)	илеп белгиси	ilep belgisi

Anführungszeichen (pl)	тырмакча	tırmaktʃa
in Anführungszeichen	тырмакчага алынган	tırmaktʃaga alıngan
runde Klammern (pl)	кашаа	kaʃaa
in Klammern	кашаага алынган	kaʃaaga alıngan

Bindestrich (m)	дефис	defis
Gedankenstrich (m)	тире	tire
Leerzeichen (n)	аралык	aralık

| Buchstabe (m) | тамга | tamga |
| Großbuchstabe (m) | баш тамга | baʃ tamga |

| Vokal (m) | үндүү тыбыш | yndyy tıbıʃ |
| Konsonant (m) | үнсүз тыбыш | ynsyz tıbıʃ |

Satz (m)	сүйлөм	syjløm
Subjekt (n)	сүйлөмдүн ээси	syjlømdyn eesi
Prädikat (n)	баяндооч	bajandootʃ

Zeile (f)	сап	sap
in einer neuen Zeile	жаңы сап	dʒaŋı sap
Absatz (m)	абзац	abzats

Wort (n)	сөз	søz
Wortverbindung (f)	сөз айкашы	søz ajkaʃı
Redensart (f)	туюнтма	tujuntma
Synonym (n)	синоним	sinonim
Antonym (n)	антоним	antonim

Regel (f)	эреже	eredʒe
Ausnahme (f)	чектен чыгаруу	tʃekten tʃıgaruu
richtig (Adj)	туура	tuura

Konjugation (f)	жактоо	dʒaktoo
Deklination (f)	жөндөлүш	dʒøndølyʃ
Kasus (m)	жөндөмө	dʒøndømø
Frage (f)	суроо	suroo
unterstreichen (vt)	баса белгилөө	basa belgiløø
punktierte Linie (f)	пунктир	punktir

98. Fremdsprachen

Sprache (f)	тил	til
Fremd-	чет	tʃet
Fremdsprache (f)	чет тил	tʃet til
studieren (z.B. Jura ~)	окуу	okuu
lernen (Englisch ~)	үйрөнүү	yjrønyy

lesen (vi, vt)	окуу	okuu
sprechen (vi, vt)	сүйлөө	syjløø
verstehen (vt)	түшүнүү	tyʃynyy
schreiben (vi, vt)	жазуу	dʒazuu
schnell (Adv)	тез	tez
langsam (Adv)	жай	dʒaj

fließend (Adv)	эркин	erkin
Regeln (pl)	эрежелер	eredʒeler
Grammatik (f)	грамматика	grammatika
Vokabular (n)	лексика	leksika
Phonetik (f)	фонетика	fonetika

Lehrbuch (n)	китеп	kitep
Wörterbuch (n)	сөздүк	søzdyk
Selbstlernbuch (n)	өзү үйрөткүч	øzy yjrøtkytʃ
Sprachführer (m)	тилачар	tilatʃar

Kassette (f)	кассета	kasseta
Videokassette (f)	видеокассета	videokasseta
CD (f)	CD, компакт-диск	sidi, kompakt-disk
DVD (f)	DVD-диск	dividi-disk

Alphabet (n)	алфавит	alfavit
buchstabieren (vt)	эжелеп айтуу	edʒelep ajtuu
Aussprache (f)	айтылышы	ajtılıʃı

Akzent (m)	акцент	aktsent
mit Akzent	акцент менен	aktsent menen
ohne Akzent	акцентсиз	aktsentsiz

| Wort (n) | сөз | søz |
| Bedeutung (f) | маани | maani |

Kurse (pl)	курстар	kurstar
sich einschreiben	курска жазылуу	kurska dʒazıluu
Lehrer (m)	окутуучу	okutuutʃu

Übertragung (f)	которуу	kotoruu
Übersetzung (f)	котормо	kotormo
Übersetzer (m)	котормочу	kotormotʃu
Dolmetscher (m)	оозеки котормочу	oozeki kotormotʃu

| Polyglott (m, f) | полиглот | poliglot |
| Gedächtnis (n) | эс тутум | es tutum |

Erholung. Unterhaltung. Reisen

99. Ausflug. Reisen

Tourismus (m)	туризм	turizm
Tourist (m)	турист	turist
Reise (f)	саякат	sajakat
Abenteuer (n)	укмуштуу окуя	ukmuʃtuu okuja
Fahrt (f)	сапар	sapar

Urlaub (m)	дем алыш	dem alıʃ
auf Urlaub sein	дем алышка чыгуу	dem alıʃka tʃıguu
Erholung (f)	эс алуу	es aluu

Zug (m)	поезд	poezd
mit dem Zug	поезд менен	poezd menen
Flugzeug (n)	учак	utʃak
mit dem Flugzeug	учакта	utʃakta
mit dem Auto	автомобилде	avtomobilde
mit dem Schiff	кемеде	kemede

Gepäck (n)	жүк	dʒyk
Koffer (m)	чемодан	tʃemodan
Gepäckwagen (m)	араба	araba

Pass (m)	паспорт	pasport
Visum (n)	виза	viza
Fahrkarte (f)	билет	bilet
Flugticket (n)	авиабилет	aviabilet

Reiseführer (m)	жол көрсөткүч	dʒol kørsøtkytʃ
Landkarte (f)	карта	karta
Gegend (f)	жай	dʒaj
Ort (wunderbarer ~)	жер	dʒer

Exotika (pl)	экзотика	ekzotika
exotisch	экзотикалуу	ekzotikaluu
erstaunlich (Adj)	ажайып	adʒajıp

Gruppe (f)	топ	top
Ausflug (m)	экскурсия	ekskursija
Reiseleiter (m)	экскурсия жетекчиси	ekskursija dʒetektʃisi

100. Hotel

Hotel (n), Gasthaus (n)	мейманкана	mejmankana
Motel (n)	мотель	motelʲ
drei Sterne	үч жылдыздуу	ytʃ dʒıldızduu

| fünf Sterne | беш жылдыздуу | beʃ dʒıldızduu |
| absteigen (vi) | токтоо | toktoo |

Hotelzimmer (n)	номер	nomer
Einzelzimmer (n)	бир орундуу	bir orunduu
Zweibettzimmer (n)	эки орундуу	eki orunduu
reservieren (vt)	номерди камдык буйрутмалоо	nomerdi kamdık bujrutmaloo

| Halbpension (f) | жарым пансион | dʒarım pansion |
| Vollpension (f) | толук пансион | toluk pansion |

mit Bad	ваннасы менен	vannası menen
mit Dusche	душ менен	duʃ menen
Satellitenfernsehen (n)	спутник	sputnik
Klimaanlage (f)	аба желдеткич	aba dʒeldetkitʃ
Handtuch (n)	сүлгү	sylgy
Schlüssel (m)	ачкыч	atʃkıtʃ

Verwalter (m)	администратор	administrator
Zimmermädchen (n)	үй кызматкери	yj kızmatkeri
Träger (m)	жүк ташуучу	dʒyk taʃuutʃu
Portier (m)	эшик ачуучу	eʃik atʃuutʃu

Restaurant (n)	ресторан	restoran
Bar (f)	бар	bar
Frühstück (n)	таңкы тамак	taŋkı tamak
Abendessen (n)	кечки тамак	ketʃki tamak
Buffet (n)	шведче стол	ʃvedtʃe stol

| Foyer (n) | вестибюль | vestibülʲ |
| Aufzug (m), Fahrstuhl (m) | лифт | lift |

| BITTE NICHT STÖREN! | ТЫНЧЫБЫЗДЫ АЛБАГЫЛА! | tıntʃıbızdı albagıla! |
| RAUCHEN VERBOTEN! | ТАМЕКИ ЧЕГҮҮГӨ БОЛБОЙТ! | tameki tʃegyygø bolbojt! |

TECHNISCHES ZUBEHÖR. TRANSPORT

Technisches Zubehör

101. Computer

Computer (m)	компьютер	kompjuter
Laptop (m), Notebook (n)	ноутбук	noutbuk
einschalten (vt)	күйгүзүү	kyjgyzyy
abstellen (vt)	өчүрүү	øtʃyryy
Tastatur (f)	ариптакта	ariptakta
Taste (f)	баскыч	baskıtʃ
Maus (f)	чычкан	tʃitʃkan
Mousepad (n)	килемче	kilemtʃe
Knopf (m)	баскыч	baskıtʃ
Cursor (m)	курсор	kursor
Monitor (m)	монитор	monitor
Schirm (m)	экран	ekran
Festplatte (f)	катуу диск	katuu disk
Festplattengröße (f)	катуу дисктин көлөмү	katuu disktin kølømy
Speicher (m)	эс тутум	es tutum
Arbeitsspeicher (m)	оперативдик эс тутум	operativdik es tutum
Datei (f)	файл	fajl
Ordner (m)	папка	papka
öffnen (vt)	ачуу	atʃuu
schließen (vt)	жабуу	dʒabuu
speichern (vt)	сактоо	saktoo
löschen (vt)	жок кылуу	dʒok kıluu
kopieren (vt)	көчүрүү	køtʃyryy
sortieren (vt)	ирээтөө	irettøø
transferieren (vt)	өткөрүү	øtkøryy
Programm (n)	программа	programma
Software (f)	программалык	programmalık
Programmierer (m)	программист	programmist
programmieren (vt)	программалаштыруу	programmalaʃtıruu
Hacker (m)	хакер	χaker
Kennwort (n)	сырсөз	sırsøz
Virus (m, n)	вирус	virus
entdecken (vt)	издеп табуу	izdep tabuu
Byte (n)	байт	bajt

Megabyte (n)	мегабайт	megabajt
Daten (pl)	маалыматтар	maalımattar
Datenbank (f)	маалымат базасы	maalımat bazası

Kabel (n)	кабель	kabelʲ
trennen (vt)	ажыратуу	adʒıratuu
anschließen (vt)	туташтыруу	tutaʃtıruu

102. Internet. E-Mail

Internet (n)	интернет	internet
Browser (m)	браузер	brauzer
Suchmaschine (f)	издөө аспабы	izdøø aspabı
Provider (m)	провайдер	provajder

Webmaster (m)	веб-мастер	web-master
Website (f)	веб-сайт	web-sajt
Webseite (f)	веб-баракча	web-baraktʃa

| Adresse (f) | дарек | darek |
| Adressbuch (n) | дарек китепчеси | darek kiteptʃesi |

Mailbox (f)	почта ящиги	potʃta jaʃtʃigi
Post (f)	почта	potʃta
überfüllt (-er Briefkasten)	толуп калган	tolup kalgan

Mitteilung (f)	кабар	kabar
eingehenden Nachrichten	келген кабарлар	kelgen kabarlar
ausgehenden Nachrichten	жөнөтүлгөн кабарлар	dʒønøtylgøn kabarlar

Absender (m)	жөнөтүүчү	dʒønøtyytʃy
senden (vt)	жөнөтүү	dʒønøtyy
Absendung (f)	жөнөтүү	dʒønøtyy

| Empfänger (m) | алуучу | aluutʃu |
| empfangen (vt) | алуу | aluu |

| Briefwechsel (m) | жазышуу | dʒazıʃuu |
| im Briefwechsel stehen | жазышуу | dʒazıʃuu |

Datei (f)	файл	fajl
herunterladen (vt)	жүктөө	dʒyktøø
schaffen (vt)	жаратуу	dʒaratuu
löschen (vt)	жок кылуу	dʒok kıluu
gelöscht (Datei)	жок кылынган	dʒok kılıngan

Verbindung (f)	байланыш	bajlanıʃ
Geschwindigkeit (f)	ылдамдык	ıldamdık
Modem (n)	модем	modem
Zugang (m)	жеткирилүү	dʒetkirilyy
Port (m)	порт	port

| Anschluss (m) | туташуу | tutaʃuu |
| sich anschließen | ... туташуу | ... tutaʃuu |

| auswählen (vt) | тандоо | tandoo |
| suchen (vt) | ... издөө | ... izdøø |

103. Elektrizität

Elektrizität (f)	электр кубаты	elektr kubatı
elektrisch	электрикалык	elektrikalık
Elektrizitätswerk (n)	электростанция	elektrostantsija
Energie (f)	энергия	energija
Strom (m)	электр кубаты	elektr kubatı

Glühbirne (f)	лампочка	lampotʃka
Taschenlampe (f)	шам	ʃam
Straßenlaterne (f)	шам	ʃam

Licht (n)	жарык	dʒarık
einschalten (vt)	күйгүзүү	kyjgyzyy
ausschalten (vt)	өчүрүү	øtʃyryy
das Licht ausschalten	жарыкты өчүрүү	dʒarıktı øtʃyryy

durchbrennen (vi)	күйүп кетүү	kyjyp ketyy
Kurzschluss (m)	кыска туташуу	kıska tutaʃuu
Riß (m)	үзүлүү	yzylyy
Kontakt (m)	контакт	kontakt

Schalter (m)	өчүргүч	øtʃyrgytʃ
Steckdose (f)	розетка	rozetka
Stecker (m)	сайгыч	sajgıtʃ
Verlängerung (f)	узарткыч	uzartkıtʃ

Sicherung (f)	эриме сактагыч	erime saktagıtʃ
Leitungsdraht (m)	зым	zım
Verdrahtung (f)	электр зымы	elektr zımı

Ampere (n)	ампер	amper
Stromstärke (f)	токтун күчү	toktun kytʃy
Volt (n)	вольт	volʲt
Voltspannung (f)	чыңалуу	tʃıŋaluu

| Elektrogerät (n) | электр алет | elektr alet |
| Indikator (m) | көрсөткүч | kørsøtkytʃ |

Elektriker (m)	электрик	elektrik
löten (vt)	кандоо	kaŋdoo
Lötkolben (m)	кандагыч аспап	kaŋdagıtʃ aspap
Strom (m)	электр тогу	elektr togu

104. Werkzeug

Werkzeug (n)	аспап	aspap
Werkzeuge (pl)	аспаптар	aspaptar
Ausrüstung (f)	жабдуу	dʒabduu

T&P Books. Wortschatz Deutsch-Kirgisisch für das Selbststudium - 5000 Wörter

Hammer (m)	балка	balka
Schraubenzieher (m)	бурагыч	buragıtʃ
Axt (f)	балта	balta

Säge (f)	араа	araa
sägen (vt)	аралоо	araloo
Hobel (m)	тактай сүргүч	taktaj syrgytʃ
hobeln (vt)	сүрүү	syryy
Lötkolben (m)	кандагыч аспап	kaŋdagıtʃ aspap
löten (vt)	кандоо	kaŋdoo

Feile (f)	өгөө	øgøø
Kneifzange (f)	аттиш	attiʃ
Flachzange (f)	жалпак тиштүү кычкач	dʒalpak tiʃtyy kıtʃkatʃ
Stemmeisen (n)	тешкич	teʃkitʃ

Bohrer (m)	бургу	burgu
Bohrmaschine (f)	үшкү	yʃky
bohren (vt)	бургулап тешүү	burgulap teʃyy

Messer (n)	бычак	bıtʃak
Taschenmesser (n)	чөнтөк бычак	tʃøntøk bıtʃak
Klinge (f)	миз	miz

scharf (-e Messer usw.)	курч	kurtʃ
stumpf	мокок	mokok
stumpf werden (vi)	мокотулуу	mokotuluu
schärfen (vt)	курчутуу	kurtʃutuu

Bolzen (m)	буроо	buroo
Mutter (f)	бурама	burama
Gewinde (n)	бураманын сайы	buramanın sajı
Holzschraube (f)	буроо мык	buroo mık

Nagel (m)	мык	mık
Nagelkopf (m)	баш	baʃ

Lineal (n)	сызгыч	sızgıtʃ
Metermaß (n)	рулетка	ruletka
Wasserwaage (f)	деңгээл	deŋgeel
Lupe (f)	чоңойтуч	tʃoŋojtutʃ

Messinstrument (n)	ченөөчү аспап	tʃenøøtʃy aspap
messen (vt)	ченөө	tʃenøø
Skala (f)	шкала	ʃkala
Ablesung (f)	көрсөтүү ченем	kørsøtyy tʃenem

Kompressor (m)	компрессор	kompressor
Mikroskop (n)	микроскоп	mikroskop

Pumpe (f)	соргу	sorgu
Roboter (m)	робот	robot
Laser (m)	лазер	lazer

Schraubenschlüssel (m)	гайка ачкычы	gajka atʃkıtʃı
Klebeband (n)	жабышкак тасма	dʒabıʃkak tasma

Klebstoff (m)	желим	ʤelim
Sandpapier (n)	кум кагаз	kum kagaz
Sprungfeder (f)	серпилгич	serpilgiʧ
Magnet (m)	магнит	magnit
Handschuhe (pl)	колкап	kolkap
Leine (f)	аркан	arkan
Schnur (f)	жип	ʤip
Draht (m)	зым	zɯm
Kabel (n)	кабель	kabelʲ
schwerer Hammer (m)	барскан	barskan
Brecheisen (n)	лом	lom
Leiter (f)	шаты	ʃatɯ
Trittleiter (f)	кичинекей шаты	kiʧinekej ʃatɯ
zudrehen (vt)	бурап бекитүү	burap bekityy
abdrehen (vt)	бурап чыгаруу	burap ʧɯgaruu
zusammendrücken (vt)	кысуу	kɯsuu
ankleben (vt)	жабыштыруу	ʤabɯʃtɯruu
schneiden (vt)	кесүү	kesyy
Störung (f)	бузулгандык	buzulgandɯk
Reparatur (f)	оңдоо	oŋdoo
reparieren (vt)	оңдоо	oŋdoo
einstellen (vt)	тууралоо	tuuraloo
prüfen (vt)	текшерүү	tekʃeryy
Prüfung (f)	текшерүү	tekʃeryy
Ablesung (f)	көрсөтүү ченем	kørsøtyy ʧenem
sicher (zuverlässigen)	ишеничтүү	iʃeniʧtyy
kompliziert (Adj)	кыйын	kɯjɯn
verrosten (vi)	дат басуу	dat basuu
rostig	дат баскан	dat baskan
Rost (m)	дат	dat

Transport

105. Flugzeug

Flugzeug (n)	учак	utʃak
Flugticket (n)	авиабилет	aviabilet
Fluggesellschaft (f)	авиакомпания	aviakompanija
Flughafen (m)	аэропорт	aeroport
Überschall-	сверхзвуковой	sverχzvukovoj
Flugkapitän (m)	кеме командири	keme komandiri
Besatzung (f)	экипаж	ekipadʒ
Pilot (m)	учкуч	utʃkutʃ
Flugbegleiterin (f)	стюардесса	stʉardessa
Steuermann (m)	штурман	ʃturman
Flügel (pl)	канаттар	kanattar
Schwanz (m)	куйрук	kujruk
Kabine (f)	кабина	kabina
Motor (m)	кыймылдаткыч	kıjmıldatkıtʃ
Fahrgestell (n)	шасси	ʃassi
Turbine (f)	турбина	turbina
Propeller (m)	пропеллер	propeller
Flugschreiber (m)	кара куту	kara kutu
Steuerrad (n)	штурвал	ʃturval
Treibstoff (m)	күйүүчү май	kyjyytʃy may
Sicherheitskarte (f)	коопсуздук көрсөтмөсү	koopsuzduk körsötmösy
Sauerstoffmaske (f)	кислород чүмбөтү	kislorod tʃymböty
Uniform (f)	бир беткей кийим	bir betkey kijim
Rettungsweste (f)	куткаруучу күрмө	kutkaruutʃu kyrmö
Fallschirm (m)	парашют	paraʃʉt
Abflug, Start (m)	учуп көтөрүлүү	utʃup kötörylyy
starten (vi)	учуп көтөрүлүү	utʃup kötörylyy
Startbahn (f)	учуп чыгуу тилкеси	utʃup tʃıguu tilkesi
Sicht (f)	көрүнүш	körynyʃ
Flug (m)	учуу	utʃuu
Höhe (f)	бийиктик	bijiktik
Luftloch (n)	аба чүңкүру	aba tʃyŋkuru
Platz (m)	орун	orun
Kopfhörer (m)	кулакчын	kulaktʃın
Klapptisch (m)	бүктөлмө стол	byktölmö stol
Bullauge (n)	иллюминатор	illʉminator
Durchgang (m)	өтмөк	ötmök

106. Zug

Zug (m)	поезд	poezd
elektrischer Zug (m)	электричка	elektritʃka
Schnellzug (m)	бат журүүчү поезд	bat dʒyryytʃy poezd
Diesellok (f)	тепловоз	teplovoz
Dampflok (f)	паровоз	parovoz
Personenwagen (m)	вагон	vagon
Speisewagen (m)	вагон-ресторан	vagon-restoran
Schienen (pl)	рельсалар	relʲsalar
Eisenbahn (f)	темир жолу	temir dʒolu
Bahnschwelle (f)	шпала	ʃpala
Bahnsteig (m)	платформа	platforma
Gleis (n)	жол	dʒol
Eisenbahnsignal (n)	семафор	semafor
Station (f)	бекет	beket
Lokomotivführer (m)	машинист	maʃinist
Träger (m)	жук ташуучу	dʒuk taʃuutʃu
Schaffner (m)	проводник	provodnik
Fahrgast (m)	жүргүнчү	dʒyrgyntʃy
Fahrkartenkontrolleur (m)	текшерүүчү	tekʃeryytʃy
Flur (m)	коридор	koridor
Notbremse (f)	стоп-кран	stop-kran
Abteil (n)	купе	kupe
Liegeplatz (m), Schlafkoje (f)	текче	tektʃe
oberer Liegeplatz (m)	үстүнкү текче	ystynky tektʃe
unterer Liegeplatz (m)	ылдыйкы текче	ıldıjkı tektʃe
Bettwäsche (f)	жууркан-төшөк	dʒuurkan-tøʃøk
Fahrkarte (f)	билет	bilet
Fahrplan (m)	ырааттама	ıraattama
Anzeigetafel (f)	табло	tablo
abfahren (der Zug)	жөнөө	dʒønøø
Abfahrt (f)	жөнөө	dʒønøø
ankommen (der Zug)	келүү	kelyy
Ankunft (f)	келүү	kelyy
mit dem Zug kommen	поезд менен келүү	poezd menen kelyy
in den Zug einsteigen	поездге отуруу	poezdge oturuu
aus dem Zug aussteigen	поездден түшүү	poezdden tyʃyy
Zugunglück (n)	кыйроо	kıjroo
entgleisen (vi)	рельсадан чыгып кетүү	relʲsadan tʃıgıp ketyy
Dampflok (f)	паровоз	parovoz
Heizer (m)	от жагуучу	ot dʒaguutʃu
Feuerbüchse (f)	меш	meʃ
Kohle (f)	көмүр	kømyr

107. Schiff

Schiff (n)	кеме	keme
Fahrzeug (n)	кеме	keme
Dampfer (m)	пароход	paroχod
Motorschiff (n)	теплоход	teploχod
Kreuzfahrtschiff (n)	лайнер	lajner
Kreuzer (m)	крейсер	krejser
Jacht (f)	яхта	jaχta
Schlepper (m)	буксир	buksir
Lastkahn (m)	баржа	bardʒa
Fähre (f)	паром	parom
Segelschiff (n)	парус	parus
Brigantine (f)	бригантина	brigantina
Eisbrecher (m)	муз жаргыч кеме	muz dʒargıtʃ keme
U-Boot (n)	суу астында жүрүүчү кеме	suu astında dʒyryytʃy keme
Boot (n)	кайык	kajık
Dingi (n), Beiboot (n)	шлюпка	ʃlʉpka
Rettungsboot (n)	куткаруу шлюпкасы	kutkaruu ʃlʉpkası
Motorboot (n)	катер	kater
Kapitän (m)	капитан	kapitan
Matrose (m)	матрос	matros
Seemann (m)	деңизчи	deŋiztʃi
Besatzung (f)	экипаж	ekipadʒ
Bootsmann (m)	боцман	botsman
Schiffsjunge (m)	юнга	jʉnga
Schiffskoch (m)	кок	kok
Schiffsarzt (m)	кеме доктуру	keme dokturu
Deck (n)	палуба	paluba
Mast (m)	мачта	matʃta
Segel (n)	парус	parus
Schiffsraum (m)	трюм	trʉm
Bug (m)	тумшук	tumʃuk
Heck (n)	кеменин арткы бөлүгү	kemenin artkı bølygy
Ruder (n)	калак	kalak
Schraube (f)	винт	vint
Kajüte (f)	каюта	kajʉta
Messe (f)	кают-компания	kajʉt-kompanija
Maschinenraum (m)	машина бөлүгү	maʃina bølygy
Kommandobrücke (f)	капитан мостиги	kapitan mostigi
Funkraum (m)	радиорубка	radiorubka
Radiowelle (f)	толкун	tolkun
Schiffstagebuch (n)	кеме журналы	keme dʒurnalı
Fernrohr (n)	дүрбү	dyrby

Deutsch	Kirgisisch	Aussprache
Glocke (f)	коңгуроо	koŋguroo
Fahne (f)	байрак	bajrak
Seil (n)	аркан	arkan
Knoten (m)	түйүн	tyjyn
Geländer (n)	туткуч	tutkuʧ
Treppe (f)	трап	trap
Anker (m)	кеме казык	keme kazık
den Anker lichten	кеме казыкты көтөрүү	keme kazıktı køtøryy
Anker werfen	кеме казыкты таштоо	keme kazıktı taʃtoo
Ankerkette (f)	казык чынжыры	kazık ʧınʤırı
Hafen (m)	порт	port
Anlegestelle (f)	причал	priʧal
anlegen (vi)	келип токтоо	kelip toktoo
abstoßen (vt)	жээктен алыстоо	ʤeekten alıstoo
Reise (f)	саякат	sajakat
Kreuzfahrt (f)	деңиз саякаты	deŋiz sajakatı
Kurs (m), Richtung (f)	курс	kurs
Reiseroute (f)	каттам	kattam
Fahrwasser (n)	фарватер	farvater
Untiefe (f)	тайыз жер	tajız ʤer
stranden (vi)	тайыз жерге отуруу	tajız ʤerge oturuu
Sturm (m)	бороон чапкын	boroon ʧapkın
Signal (n)	сигнал	signal
untergehen (vi)	чөгүү	ʧøgyy
Mann über Bord!	Сууда адам бар!	suuda adam bar!
SOS	SOS	sos
Rettungsring (m)	куткаруучу тегерек	kutkaruuʧu tegerek

108. Flughafen

Deutsch	Kirgisisch	Aussprache
Flughafen (m)	аэропорт	aeroport
Flugzeug (n)	учак	uʧak
Fluggesellschaft (f)	авиакомпания	aviakompanija
Fluglotse (m)	авиадиспетчер	aviadispetʧer
Abflug (m)	учуп кетүү	uʧup ketyy
Ankunft (f)	учуп келүү	uʧup kelyy
anfliegen (vi)	учуп келүү	uʧup kelyy
Abflugzeit (f)	учуп кетүү убактысы	uʧup ketyy ubaktısı
Ankunftszeit (f)	учуп келүү убактысы	uʧup kelyy ubaktısı
sich verspäten	кармалуу	karmaluu
Abflugverspätung (f)	учуп кетүүнүн кечигиши	uʧup ketyynyn ketʃigiʃi
Anzeigetafel (f)	маалымат таблосу	maalımat tablosu
Information (f)	маалымат	maalımat

ankündigen (vt)	кулактандыруу	kulaktandıruu
Flug (m)	рейс	rejs
Zollamt (n)	бажыкана	badʒıkana
Zollbeamter (m)	бажы кызматкери	badʒı kızmatkeri
Zolldeklaration (f)	бажы декларациясы	badʒı deklaratsijası
ausfüllen (vt)	толтуруу	tolturuu
die Zollerklärung ausfüllen	декларация толтуруу	deklaratsija tolturuu
Passkontrolle (f)	паспорт текшерүү	pasport tekʃeryy
Gepäck (n)	жүк	dʒyk
Handgepäck (n)	кол жүгү	kol dʒygy
Kofferkuli (m)	араба	araba
Landung (f)	конуу	konuu
Landebahn (f)	конуу тилкеси	konuu tilkesi
landen (vi)	конуу	konuu
Fluggasttreppe (f)	трап	trap
Check-in (n)	катталуу	kattaluu
Check-in-Schalter (m)	каттоо стойкасы	kattoo stojkası
sich registrieren lassen	катталуу	kattaluu
Bordkarte (f)	отуруу үчүн талон	oturuu ytʃyn talon
Abfluggate (n)	чыгуу	tʃıguu
Transit (m)	транзит	tranzit
warten (vi)	күтүү	kytyy
Wartesaal (m)	күтүү залы	kutyy zalı
begleiten (vt)	узатуу	uzatuu
sich verabschieden	коштошуу	koʃtoʃuu

Lebensereignisse

109. Feiertage. Ereignis

Fest (n)	майрам	majram
Nationalfeiertag (m)	улуттук	uluttuk
Feiertag (m)	майрам күнү	majram kyny
feiern (vt)	майрамдоо	majramdoo
Ereignis (n)	окуя	okuja
Veranstaltung (f)	иш-чара	iʃ-tʃara
Bankett (n)	банкет	banket
Empfang (m)	кабыл алуу	kabıl aluu
Festmahl (n)	той	toj
Jahrestag (m)	жылдык	dʒıldık
Jubiläumsfeier (f)	юбилей	jʉbilej
begehen (vt)	белгилөө	belgiløø
Neujahr (n)	Жаңы жыл	dʒaŋı dʒıl
Frohes Neues Jahr!	Жаңы Жылыңар менен!	dʒaŋı dʒılıŋar menen!
Weihnachtsmann (m)	Аяз ата, Санта Клаус	ajaz ata, santa klaus
Weihnachten (n)	Рождество	rodʒdestvo
Frohe Weihnachten!	Рождество майрамыңыз менен!	rodʒdestvo majramıŋız menen!
Tannenbaum (m)	Жаңы жылдык балаты	dʒaŋı dʒıldık balatı
Feuerwerk (n)	салют	salʉt
Hochzeit (f)	үйлөнүү той	yjlønyy toy
Bräutigam (m)	күйөө	kyjøø
Braut (f)	колукту	koluktu
einladen (vt)	чакыруу	tʃakıruu
Einladung (f)	чакыруу	tʃakıruu
Gast (m)	конок	konok
besuchen (vt)	конокко баруу	konokko baruu
Gäste empfangen	конок тосуу	konok tosuu
Geschenk (n)	белек	belek
schenken (vt)	белек берүү	belek beryy
Geschenke bekommen	белек алуу	belek aluu
Blumenstrauß (m)	десте	deste
Glückwunsch (m)	куттуктоо	kuttuktoo
gratulieren (vi)	куттуктоо	kuttuktoo
Glückwunschkarte (f)	куттуктоо ачык каты	kuttuktoo atʃık katı
eine Karte abschicken	ачык катты жөнөтүү	atʃık kattı dʒønøtyy

eine Karte erhalten	ачык катты алуу	atʃık kattı aluu
Trinkspruch (m)	каалоо тилек	kaaloo tilek
anbieten (vt)	ооз тийгизүү	ooz tijgizyy
Champagner (m)	шампан	ʃampan
sich amüsieren	көңүл ачуу	køŋyl atʃuu
Fröhlichkeit (f)	көңүлдүүлүк	køŋyldyylyk
Freude (f)	кубаныч	kubanıtʃ
Tanz (m)	бий	bij
tanzen (vi, vt)	бийлөө	bijløø
Walzer (m)	вальс	valʲs
Tango (m)	танго	tango

110. Bestattungen. Begräbnis

Friedhof (m)	мүрзө	myrzø
Grab (n)	мүрзө	myrzø
Kreuz (n)	крест	krest
Grabstein (m)	мүрзө үстүндөгү жазуу	myrzø ystyndøgy dʒazuu
Zaun (m)	тосмо	tosmo
Kapelle (f)	кичинекей чиркөө	kitʃinekej tʃirkøø
Tod (m)	өлүм	ølym
sterben (vi)	өлүү	ølyy
Verstorbene (m)	маркум	markum
Trauer (f)	аза	aza
begraben (vt)	көмүү	kømyy
Bestattungsinstitut (n)	ырасым бюросу	ırasım bʉrosu
Begräbnis (n)	сөөк узатуу жана көмүү	søøk uzatuu dʒana kømyy
Kranz (m)	гүлчамбар	gyltʃambar
Sarg (m)	табыт	tabıt
Katafalk (m)	катафалк	katafalk
Totenhemd (n)	кепин	kepin
Trauerzug (m)	узатуу жүрүшү	uzatuu dʒyryʃy
Urne (f)	сөөк күлдүн кутусу	søøk kyldyn kutusu
Krematorium (n)	крематорий	krematorij
Nachruf (m)	некролог	nekrolog
weinen (vi)	ыйлоо	ıjloo
schluchzen (vi)	боздоп ыйлоо	bozdop ıjloo

111. Krieg. Soldaten

Zug (m)	взвод	vzvod
Kompanie (f)	рота	rota
Regiment (n)	полк	polk
Armee (f)	армия	armija

Division (f)	дивизия	divizija
Abteilung (f)	отряд	otrʲad
Heer (n)	куралдуу аскер	kuralduu asker
Soldat (m)	аскер	asker
Offizier (m)	офицер	ofitser
Soldat (m)	катардагы жоокер	katardagı dʒooker
Feldwebel (m)	сержант	serdʒant
Leutnant (m)	лейтенант	lejtenant
Hauptmann (m)	капитан	kapitan
Major (m)	майор	major
Oberst (m)	полковник	polkovnik
General (m)	генерал	general
Matrose (m)	деңизчи	deŋiztʃi
Kapitän (m)	капитан	kapitan
Bootsmann (m)	боцман	botsman
Artillerist (m)	артиллерист	artillerist
Fallschirmjäger (m)	десантник	desantnik
Pilot (m)	учкуч	utʃkutʃ
Steuermann (m)	штурман	ʃturman
Mechaniker (m)	механик	meχanik
Pionier (m)	сапёр	sapʲor
Fallschirmspringer (m)	парашютист	paraʃʉtist
Aufklärer (m)	чалгынчы	tʃalgıntʃı
Scharfschütze (m)	көзатар	køzatar
Patrouille (f)	жол-күзөт	dʒol-kyzøt
patrouillieren (vi)	жол-күзөткө чыгуу	dʒol-kyzøtkø tʃıguu
Wache (f)	сакчы	saktʃı
Krieger (m)	жоокер	dʒooker
Patriot (m)	мекенчил	mekentʃil
Held (m)	баатыр	baatır
Heldin (f)	баатыр айым	baatır ajım
Verräter (m)	чыккынчы	tʃıkkıntʃı
verraten (vt)	кыянаттык кылуу	kıjanattık kıluu
Deserteur (m)	качкын	katʃkın
desertieren (vi)	качуу	katʃuu
Söldner (m)	жалданма	dʒaldanma
Rekrut (m)	жаңы алынган аскер	dʒaŋı alıngan asker
Freiwillige (m)	ыктыярчы	ıktijartʃı
Getoetete (m)	өлтүрүлгөн	øltyrylgøn
Verwundete (m)	жарадар	dʒaradar
Kriegsgefangene (m)	туткун	tutkun

112. Krieg. Militärische Aktionen. Teil 1

Krieg (m)	согуш	soguʃ
Krieg führen	согушуу	soguʃuu
Bürgerkrieg (m)	жарандык согуш	dʒarandık soguʃ
heimtückisch (Adv)	жүзү каралык менен кол салуу	dʒyzy karalık menen kol saluu
Kriegserklärung (f)	согушту жарыялоо	soguʃtu dʒarıjaloo
erklären (den Krieg ~)	согуш жарыялоо	soguʃ dʒarıjaloo
Aggression (f)	агрессия	agressija
einfallen (Staat usw.)	кол салуу	kol saluu
einfallen (in ein Land ~)	басып алуу	basıp aluu
Invasoren (pl)	баскынчы	baskıntʃı
Eroberer (m), Sieger (m)	басып алуучу	basıp aluutʃu
Verteidigung (f)	коргонуу	korgonuu
verteidigen (vt)	коргоо	korgoo
sich verteidigen	коргонуу	korgonuu
Feind (m)	душман	duʃman
Gegner (m)	каршылаш	karʃılaʃ
Feind-	душмандын	duʃmandın
Strategie (f)	стратегия	strategija
Taktik (f)	тактика	taktika
Befehl (m)	буйрук	bujruk
Anordnung (f)	команда	komanda
befehlen (vt)	буйрук берүү	bujruk beryy
Auftrag (m)	тапшырма	tapʃırma
geheim (Adj)	жашыруун	dʒaʃıruun
Gefecht (n)	салгылаш	salgılaʃ
Schlacht (f)	согуш	soguʃ
Kampf (m)	салгылаш	salgılaʃ
Angriff (m)	чабуул	tʃabuul
Sturm (m)	чабуул	tʃabuul
stürmen (vt)	чабуул жасоо	tʃabuul dʒasoo
Belagerung (f)	тегеректеп курчоо	tegerektep kurtʃoo
Angriff (m)	чабуул	tʃabuul
angreifen (vt)	чабуул салуу	tʃabuul saluu
Rückzug (m)	чегинүү	tʃeginyy
sich zurückziehen	чегинүү	tʃeginyy
Einkesselung (f)	курчоо	kurtʃoo
einkesseln (vt)	курчоого алуу	kurtʃoogo aluu
Bombenangriff (m)	бомба жаадыруу	bomba dʒaadıruu
eine Bombe abwerfen	бомба таштоо	bomba taʃtoo
bombardieren (vt)	бомба жаадыруу	bomba dʒaadıruu

Explosion (f)	жарылуу	dʒarıluu
Schuss (m)	атылуу	atıluu
schießen (vt)	атуу	atuu
Schießerei (f)	атуу	atuu

zielen auf ...	мээлөө	meeløø
richten (die Waffe)	мээлөө	meeløø
treffen (ins Schwarze ~)	тийүү	tijyy

versenken (vt)	чөктүрүү	tʃøktyryy
Loch (im Schiffsrumpf)	тешик	teʃik
versinken (Schiff)	суу астына кетүү	suu astına ketyy

Front (f)	майдан	majdan
Evakuierung (f)	эвакуация	evakuatsija
evakuieren (vt)	эвакуациялоо	evakuatsijaloo

Schützengraben (m)	окоп	okop
Stacheldraht (m)	тикендүү зым	tikendyy zım
Sperre (z.B. Panzersperre)	тосмо	tosmo
Wachtturm (m)	мунара	munara

Lazarett (n)	госпиталь	gospitalʲ
verwunden (vt)	жарадар кылуу	dʒaradar kıluu
Wunde (f)	жара	dʒara
Verwundete (m)	жарадар	dʒaradar
verletzt sein	жаракат алуу	dʒarakat aluu
schwer (-e Verletzung)	оор жаракат	oor dʒarakat

113. Krieg. Militärische Aktionen. Teil 2

Gefangenschaft (f)	туткун	tutkun
gefangen nehmen (vt)	туткунга алуу	tutkunga aluu
in Gefangenschaft sein	туткунда болуу	tutkunda boluu
in Gefangenschaft geraten	туткунга түшүү	tutkunga tyʃyy

Konzentrationslager (n)	концлагерь	kontslagerʲ
Kriegsgefangene (m)	туткун	tutkun
fliehen (vi)	качуу	katʃuu

verraten (vt)	кыянаттык кылуу	kıjanattık kıluu
Verräter (m)	чыккынчы	tʃıkkıntʃı
Verrat (m)	чыккынчылык	tʃıkkıntʃılık

| erschießen (vt) | атып өлтүрүү | atıp øltyryy |
| Erschießung (f) | атып өлтүрүү | atıp øltyryy |

Ausrüstung (persönliche ~)	аскер кийими	asker kijimi
Schulterstück (n)	погон	pogon
Gasmaske (f)	противогаз	protivogaz

Funkgerät (n)	рация	ratsija
Chiffre (f)	шифр	ʃifr
Geheimhaltung (f)	жекеликте сактоо	dʒekelikte saktoo

Kennwort (n)	сырсөз	sırsøz
Mine (f)	мина	mina
Minen legen	миналоо	minaloo
Minenfeld (n)	мина талаасы	mina talaası
Luftalarm (m)	аба айгайы	aba ajgajı
Alarm (m)	айгай	ajgaj
Signal (n)	сигнал	signal
Signalrakete (f)	сигнал ракетасы	signal raketası
Hauptquartier (n)	штаб	ʃtab
Aufklärung (f)	чалгын	ʧalgın
Lage (f)	кырдаал	kırdaal
Bericht (m)	рапорт	raport
Hinterhalt (m)	буктурма	bukturma
Verstärkung (f)	кошумча күч	koʃumʧa kyʧ
Zielscheibe (f)	бута	buta
Schießplatz (m)	полигон	poligon
Manöver (n)	манервлер	manervler
Panik (f)	дүрбөлөң	dyrbøløŋ
Verwüstung (f)	кыйроо	kıjroo
Trümmer (pl)	кыйроо	kıjroo
zerstören (vt)	кыйратуу	kıjratuu
überleben (vi)	тирүү калуу	tiryy kaluu
entwaffnen (vt)	куралсыздандыруу	kuralsızdandıruu
handhaben (vt)	мамиле кылуу	mamile kıluu
Stillgestanden!	Түз тур!	tyz tur!
Rühren!	Эркин!	erkin!
Heldentat (f)	эрдик	erdik
Eid (m), Schwur (m)	ант	ant
schwören (vi, vt)	ант берүү	ant beryy
Lohn (Orden, Medaille)	сыйлык	sıjlık
auszeichnen (mit Orden)	сыйлоо	sıjloo
Medaille (f)	медаль	medalʲ
Orden (m)	орден	orden
Sieg (m)	жеңиш	dʒeŋiʃ
Niederlage (f)	жеңилүү	dʒeŋilyy
Waffenstillstand (m)	жарашуу	dʒaraʃuu
Fahne (f)	байрак	bajrak
Ruhm (m)	даңк	daŋk
Parade (f)	парад	parad
marschieren (vi)	маршта басуу	marʃta basuu

114. Waffen

Waffe (f)	курал	kural
Schusswaffe (f)	курал жарак	kural dʒarak

blanke Waffe (f)	атылбас курал	atılbas kural
chemischen Waffen (pl)	химиялык курал	ximijalık kural
Kern-, Atom-	ядерлүү	jaderlyy
Kernwaffe (f)	ядерлүү курал	jaderlyy kural

| Bombe (f) | бомба | bomba |
| Atombombe (f) | атом бомбасы | atom bombası |

Pistole (f)	тапанча	tapantʃa
Gewehr (n)	мылтык	mıltık
Maschinenpistole (f)	автомат	avtomat
Maschinengewehr (n)	пулемёт	pulemʲot

Mündung (f)	мылтыктын оозу	mıltıktın oozu
Lauf (Gewehr-)	ствол	stvol
Kaliber (n)	калибр	kalibr

Abzug (m)	курок	kurok
Visier (n)	кароолго алуу	karoolgo aluu
Magazin (n)	магазин	magazin
Kolben (m)	күндак	kyndak

| Handgranate (f) | граната | granata |
| Sprengstoff (m) | жарылуучу зат | dʒarıluutʃu zat |

Kugel (f)	ок	ok
Patrone (f)	патрон	patron
Ladung (f)	дүрмөк	dyrmøk
Munition (f)	ок-дары	ok-darı

Bomber (m)	бомбалоочу	bombalootʃu
Kampfflugzeug (n)	кыйраткыч учак	kıjratkıtʃ utʃak
Hubschrauber (m)	вертолёт	vertolʲot

Flugabwehrkanone (f)	зенитка	zenitka
Panzer (m)	танк	tank
Panzerkanone (f)	замбирек	zambirek

Artillerie (f)	артиллерия	artillerija
Kanone (f)	замбирек	zambirek
richten (die Waffe)	мээлөө	meeløø

Geschoß (n)	снаряд	snarʲad
Wurfgranate (f)	мина	mina
Granatwerfer (m)	миномёт	minomʲot
Splitter (m)	сыныктар	sınıktar

| U-Boot (n) | суу астында жүрүүчү кеме | suu astında dʒyryytʃy keme |

| Torpedo (m) | торпеда | torpeda |
| Rakete (f) | ракета | raketa |

laden (Gewehr)	октоо	oktoo
schießen (vi)	атуу	atuu
zielen auf ...	мээлөө	meeløø
Bajonett (n)	найза	najza

Degen (m)	шпага	ʃpaga
Säbel (m)	кылыч	kılıtʃ
Speer (m)	найза	najza
Bogen (m)	жаа	dʒaa
Pfeil (m)	жебе	dʒebe
Muskete (f)	мушкет	muʃket
Armbrust (f)	арбалет	arbalet

115. Menschen der Antike

vorzeitlich	алгачкы	algatʃkı
prähistorisch	тарыхтан илгери	tarıχtan ilgeri
alt (antik)	байыркы	bajırkı

Steinzeit (f)	Таш доору	taʃ dooru
Bronzezeit (f)	Коло доору	kolo dooru
Eiszeit (f)	Муз доору	muz dooru

Stamm (m)	уруу	uruu
Kannibale (m)	адам жегич	adam dʒegitʃ
Jäger (m)	аңчы	aŋtʃı
jagen (vi)	аңчылык кылуу	aŋtʃılık kıluu
Mammut (n)	мамонт	mamont

Höhle (f)	үңкүр	yŋkyr
Feuer (n)	от	ot
Lagerfeuer (n)	от	ot
Höhlenmalerei (f)	ташка чегерилген сүрөт	taʃka tʃegerilgen syrøt

Werkzeug (n)	эмгек куралы	emgek kuralı
Speer (m)	найза	najza
Steinbeil (n), Steinaxt (f)	таш балта	taʃ balta
Krieg führen	согушуу	soguʃuu
domestizieren (vt)	колго көндүрүү	kolgo køndyryy

Idol (n)	бут	but
anbeten (vt)	сыйынуу	sıjınuu
Aberglaube (m)	жок нерсеге ишенүү	dʒok nersege iʃenyy
Brauch (m), Ritus (m)	ырым-жырым	ırım-dʒırım

| Evolution (f) | эволюция | evolutsija |
| Entwicklung (f) | өнүгүү | ønygyy |

| Verschwinden (n) | жок болуу | dʒok boluu |
| sich anpassen | ылайыкташуу | ılajıktaʃuu |

Archäologie (f)	археология	arχeologija
Archäologe (m)	археолог	arχeolog
archäologisch	археологиялык	arχeologijalık

Ausgrabungsstätte (f)	казуу жери	kazuu dʒeri
Ausgrabungen (pl)	казуу иштери	kazuu iʃteri
Fund (m)	табылга	tabılga
Fragment (n)	фрагмент	fragment

116. Mittelalter

Volk (n)	эл	el
Völker (pl)	элдер	elder
Stamm (m)	уруу	uruu
Stämme (pl)	уруулар	uruular

Barbaren (pl)	варварлар	varvarlar
Gallier (pl)	галлдар	galldar
Goten (pl)	готтор	gottor
Slawen (pl)	славяндар	slavʲandar
Wikinger (pl)	викингдер	vikingder

Römer (pl)	римдиктер	rimdikter
römisch	римдик	rimdik

Byzantiner (pl)	византиялыктар	vizantijalıktar
Byzanz (n)	Византия	vizantija
byzantinisch	византиялык	vizantijalık

Kaiser (m)	император	imperator
Häuptling (m)	башчы	baʃʧı
mächtig (Kaiser usw.)	кудуреттүү	kudurettyy
König (m)	король, падыша	korolʲ, padıʃa
Herrscher (Monarch)	башкаруучу	baʃkaruuʧu

Ritter (m)	рыцарь	rıtsarʲ
Feudalherr (m)	феодал	feodal
feudal, Feudal-	феодалдуу	feodalduu
Vasall (m)	вассал	vassal

Herzog (m)	герцог	gertsog
Graf (m)	граф	graf
Baron (m)	барон	baron
Bischof (m)	епископ	episkop

Rüstung (f)	курал жана соот-шайман	kural dʒana soot-ʃajman
Schild (m)	калкан	kalkan
Schwert (n)	кылыч	kılıʧ
Visier (n)	туулганын бет калканы	tuulganın bet kalkanı
Panzerhemd (n)	зоот	zoot

Kreuzzug (m)	крест астындагы черүү	krest astındagı ʧeryy
Kreuzritter (m)	черүүгө чыгуучу	ʧeryygø ʧıguuʧu

Territorium (n)	аймак	ajmak
einfallen (vt)	кол салуу	kol saluu
erobern (vt)	ээ болуу	ee boluu
besetzen (Land usw.)	басып алуу	basıp aluu

Belagerung (f)	тегеректеп курчоо	tegerektep kurʧoo
belagert	курчалган	kurʧalgan
belagern (vt)	курчоого алуу	kurʧoogo aluu
Inquisition (f)	инквизиция	inkvizitsija
Inquisitor (m)	инквизитор	inkvizitor

T&P Books. Wortschatz Deutsch-Kirgisisch für das Selbststudium - 5000 Wörter

Folter (f)	кыйноо	kıjnoo
grausam (-e Folter)	ырайымсыз	ırajımsız
Häretiker (m)	еретик	eretik
Häresie (f)	ересь	eresʲ

Seefahrt (f)	деңизде сүзүү	deŋizde syzyy
Seeräuber (m)	деңиз каракчысы	deŋiz karaktʃısı
Seeräuberei (f)	деңиз каракчылыгы	deŋiz karaktʃılıgı
Enterung (f)	абордаж	abordadʒ
Beute (f)	олжо	oldʒo
Schätze (pl)	казына	kazına

Entdeckung (f)	ачылыш	atʃılıʃ
entdecken (vt)	таап ачуу	taap atʃuu
Expedition (f)	экспедиция	ekspeditsija

Musketier (m)	мушкетёр	muʃketʲor
Kardinal (m)	кардинал	kardinal
Heraldik (f)	геральдика	geralʲdika
heraldisch	гералдык	geraldık

117. Führungspersonen. Chef. Behörden

König (m)	король, падыша	korolʲ, padıʃa
Königin (f)	ханыша	χanıʃa
königlich	падышалык	padıʃalık
Königreich (n)	падышалык	padıʃalık

| Prinz (m) | канзаада | kanzaada |
| Prinzessin (f) | ханбийке | χanbijke |

Präsident (m)	президент	prezident
Vizepräsident (m)	вице-президент	vitse-prezident
Senator (m)	сенатор	senator

Monarch (m)	монарх	monarχ
Herrscher (m)	башкаруучу	baʃkaruutʃu
Diktator (m)	диктатор	diktator
Tyrann (m)	зулум	zulum
Magnat (m)	магнат	magnat

Direktor (m)	директор	direktor
Chef (m)	башчы	baʃtʃı
Leiter (einer Abteilung)	башкаруучу	baʃkaruutʃu
Boss (m)	шеф	ʃef
Eigentümer (m)	кожоюн	kodʒodʒun

Führer (m)	алдыңкы катардагы	aldıŋkı katardagı
Leiter (Delegations-)	башчы	baʃtʃı
Behörden (pl)	бийликтер	bijlikter
Vorgesetzten (pl)	башчылар	baʃtʃılar

| Gouverneur (m) | губернатор | gubernator |
| Konsul (m) | консул | konsul |

113

Diplomat (m)	дипломат	diplomat
Bürgermeister (m)	мэр	mer
Sheriff (m)	шериф	ʃerif
Kaiser (m)	император	imperator
Zar (m)	падыша	padıʃa
Pharao (m)	фараон	faraon
Khan (m)	хан	χan

118. Gesetzesverstoß Verbrecher. Teil 1

Bandit (m)	ууру-кески	uuru-keski
Verbrechen (n)	кылмыш	kılmıʃ
Verbrecher (m)	кылмышкер	kılmıʃker
Dieb (m)	ууру	uuru
stehlen (vt)	уурдоо	uurdoo
Diebstahl (Aktivität)	уруулук	uruuluk
Stehlen (n)	уурдоо	uurdoo
kidnappen (vt)	ала качуу	ala katʃuu
Kidnapping (n)	ала качуу	ala katʃuu
Kidnapper (m)	ала качуучу	ala katʃuutʃu
Lösegeld (n)	кутказуу акчасы	kutkazuu aktʃası
Lösegeld verlangen	кутказуу акчага талап коюу	kutkazuu aktʃaga talap kojuu
rauben (vt)	тоноо	tonoo
Raub (m)	тоноо	tonoo
Räuber (m)	тоноочу	tonootʃu
erpressen (vt)	опузалоо	opuzaloo
Erpresser (m)	опузалоочу	opuzalootʃu
Erpressung (f)	опуза	opuza
morden (vt)	өлтүрүү	øltyryy
Mord (m)	өлтүрүү	øltyryy
Mörder (m)	киши өлтүргүч	kiʃi øltyrgytʃ
Schuss (m)	атылуу	atıluu
schießen (vt)	атуу	atuu
erschießen (vt)	атып салуу	atıp saluu
feuern (vi)	атуу	atuu
Schießerei (f)	атышуу	atıʃuu
Vorfall (m)	окуя	okuja
Schlägerei (f)	уруш	uruʃ
Hilfe!	Жардамга!	dʒardamga!
Opfer (n)	жапа чеккен	dʒapa tʃekken
beschädigen (vt)	зыян келтирүү	zıjan keltiryy
Schaden (m)	залал	zalal
Leiche (f)	өлүк	ølyk

schwer (-es Verbrechen)	оор	oor
angreifen (vt)	кол салуу	kol saluu
schlagen (vt)	уруу	uruu
verprügeln (vt)	ур-токмокко алуу	ur-tokmokko aluu
wegnehmen (vt)	тартып алуу	tartıp aluu
erstechen (vt)	союп өлтүрүү	sojup øltyryy
verstümmeln (vt)	майып кылуу	majıp kıluu
verwunden (vt)	жарадар кылуу	dʒaradar kıluu
Erpressung (f)	шантаж кылуу	ʃantadʒ kıluu
erpressen (vt)	шантаждоо	ʃantadʒdoo
Erpresser (m)	шантажист	ʃantadʒist
Schutzgelderpressung (f)	рэкет	reket
Erpresser (Racketeer)	рэкетир	reketir
Gangster (m)	гангстер	gangster
Mafia (f)	мафия	mafija
Taschendieb (m)	чөнтөк ууру	tʃøntøk uuru
Einbrecher (m)	бузуп алуучу ууру	buzup aluutʃu uuru
Schmuggel (m)	контрабанда	kontrabanda
Schmuggler (m)	контрабандачы	kontrabandatʃı
Fälschung (f)	окшотуп жасоо	okʃotup dʒasoo
fälschen (vt)	жасалмалоо	dʒasalmaloo
gefälscht	жасалма	dʒasalma

119. Gesetzesbruch. Verbrecher. Teil 2

Vergewaltigung (f)	зордуктоо	zorduktoo
vergewaltigen (vt)	зордуктоо	zorduktoo
Gewalttäter (m)	зордукчул	zorduktʃul
Besessene (m)	маньяк	manjak
Prostituierte (f)	сойку	sojku
Prostitution (f)	сойкучулук	sojkutʃuluk
Zuhälter (m)	жак бакты	dʒak baktı
Drogenabhängiger (m)	баңги	baŋgi
Drogenhändler (m)	баңгизат сатуучу	baŋgizat satuutʃu
sprengen (vt)	жардыруу	dʒardıruu
Explosion (f)	жарылуу	dʒarıluu
in Brand stecken	өрттөө	ørttøø
Brandstifter (m)	өрттөөчү	ørttøøtʃy
Terrorismus (m)	терроризм	terrorizm
Terrorist (m)	террорист	terrorist
Geisel (m, f)	заложник	zalodʒnik
betrügen (vt)	алдоо	aldoo
Betrug (m)	алдамчылык	aldamtʃılık
Betrüger (m)	алдамчы	aldamtʃı
bestechen (vt)	сатып алуу	satıp aluu

Deutsch	Kirgisisch (kyrillisch)	Kirgisisch (lateinisch)
Bestechlichkeit (f)	сатып алуу	satıp aluu
Bestechungsgeld (n)	пара	para
Gift (n)	уу	uu
vergiften (vt)	ууландыруу	uulandıruu
sich vergiften	ууланүү	uulanuu
Selbstmord (m)	жанын кыюу	dʒanın kidʒuu
Selbstmörder (m)	жанын кыйгыч	dʒanın kıjgıtʃ
drohen (vi)	коркутуу	korkutuu
Drohung (f)	коркунуч	korkunutʃ
versuchen (vt)	кол салуу	kol saluu
Attentat (n)	кол салуу	kol saluu
stehlen (Auto ~)	айдап кетүү	ajdap ketyy
entführen (Flugzeug ~)	ала качуу	ala katʃuu
Rache (f)	кек	kek
sich rächen	өч алуу	øtʃ aluu
foltern (vt)	кыйноо	kıjnoo
Folter (f)	кыйноо	kıjnoo
quälen (vt)	азапка салуу	azapka saluu
Seeräuber (m)	деңиз каракчысы	deŋiz karaktʃısı
Rowdy (m)	бейбаш	bejbaʃ
bewaffnet	куралданган	kuraldangan
Gewalt (f)	зордук	zorduk
ungesetzlich	мыйзамдан тыш	mıjzamdan tıʃ
Spionage (f)	тыңчылык	tıŋtʃılık
spionieren (vi)	тыңчылык кылуу	tıŋtʃılık kıluu

120. Polizei Recht. Teil 1

Deutsch	Kirgisisch (kyrillisch)	Kirgisisch (lateinisch)
Justiz (f)	адилеттүү сот	adilettyy sot
Gericht (n)	сот	sot
Richter (m)	сот	sot
Geschworenen (pl)	сот калыстары	sot kalıstarı
Geschworenengericht (n)	калыстар соту	kalıstar sotu
richten (vt)	сотко тартуу	sotko tartuu
Rechtsanwalt (m)	жактоочу	dʒaktootʃu
Angeklagte (m)	сот жообуна тартылган киши	sot dʒoobuna tartılgan kiʃi
Anklagebank (f)	соттуулар отуруучу орун	sottuular oturuutʃu orun
Anklage (f)	айыптоо	ajıptoo
Beschuldigte (m)	айыпталуучу	ajıptaluutʃu
Urteil (n)	өкүм	økym
verurteilen (vt)	өкүм чыгаруу	økym tʃıgaruu

Schuldige (m)	күнөөкөр	kynøøkør
bestrafen (vt)	жазалоо	dʒazaloo
Strafe (f)	жаза	dʒaza
Geldstrafe (f)	айып	ajıp
lebenslange Haft (f)	өмүр бою	ømyr boju
Todesstrafe (f)	өлүм жазасы	ølym dʒazası
elektrischer Stuhl (m)	электр столу	elektr stolu
Galgen (m)	darga	darga
hinrichten (vt)	өлүм жазасын аткаруу	ølym dʒazasın atkaruu
Hinrichtung (f)	өлүм жазасын аткаруу	ølym dʒazasın atkaruu
Gefängnis (n)	түрмө	tyrmø
Zelle (f)	камера	kamera
Eskorte (f)	конвой	konvoj
Gefängniswärter (m)	түрмө сакчысы	tyrmø saktʃısı
Gefangene (m)	камактагы адам	kamaktagı adam
Handschellen (pl)	кишен	kiʃen
Handschellen anlegen	кишен кийгизүү	kiʃen kijgizyy
Ausbruch (Flucht)	качуу	katʃuu
ausbrechen (vi)	качуу	katʃuu
verschwinden (vi)	жоголуп кетүү	dʒogolup ketyy
aus … entlassen	бошотуу	boʃotuu
Amnestie (f)	амнистия	amnistija
Polizei (f)	полиция	politsija
Polizist (m)	полиция кызматкери	politsija kızmatkeri
Polizeiwache (f)	полиция бөлүмү	politsija bølymy
Gummiknüppel (m)	резина союлчасы	rezina sojultʃası
Sprachrohr (n)	керней	kernej
Streifenwagen (m)	жол күзөт машинасы	dʒol kyzøt maʃinası
Sirene (f)	сирена	sirena
die Sirene einschalten	сиренаны басуу	sirenanı basuu
Sirenengeheul (n)	сиренанын боздошу	sirenanın bozdoʃu
Tatort (m)	кылмыш болгон жер	kılmıʃ bolgon dʒer
Zeuge (m)	күбө	kybø
Freiheit (f)	эркиндик	erkindik
Komplize (m)	шерик	ʃerik
verschwinden (vi)	из жашыруу	iz dʒaʃıruu
Spur (f)	из	iz

121. Polizei. Recht. Teil 2

Fahndung (f)	издөө	izdøø
suchen (vt)	… издөө	… izdøø
Verdacht (m)	шек	ʃek
verdächtig (Adj)	шектүү	ʃektyy
anhalten (Polizei)	токтотуу	toktotuu

verhaften (vt)	кармоо	karmoo
Fall (m), Klage (f)	иш	iʃ
Untersuchung (f)	териштирүү	teriʃtiryy
Detektiv (m)	аңдуучу	aŋduutʃu
Ermittlungsrichter (m)	тергөөчү	tergøøtʃy
Version (f)	жоромол	dʒoromol
Motiv (n)	себеп	sebep
Verhör (n)	сурак	surak
verhören (vt)	суракка алуу	surakka aluu
vernehmen (vt)	сураштыруу	suraʃtıruu
Kontrolle (Personen-)	текшерүү	tekʃeryy
Razzia (f)	тегеректөө	tegerektøø
Durchsuchung (f)	тинтүү	tintyy
Verfolgung (f)	куу	kuu
nachjagen (vi)	изине түшүү	izine tyʃyy
verfolgen (vt)	изине түшүү	izine tyʃyy
Verhaftung (f)	камак	kamak
verhaften (vt)	камакка алуу	kamakka aluu
fangen (vt)	кармоо	karmoo
Festnahme (f)	колго түшүрүү	kolgo tyʃyryy
Dokument (n)	документ	dokument
Beweis (m)	далил	dalil
beweisen (vt)	далилдөө	dalildøø
Fußspur (f)	из	iz
Fingerabdrücke (pl)	манжанын изи	mandʒanın izi
Beweisstück (n)	далил	dalil
Alibi (n)	алиби	alibi
unschuldig	бейкүнөө	bejkynøø
Ungerechtigkeit (f)	адилетсиздик	adiletsizdik
ungerecht	адилетсиз	adiletsiz
Kriminal-beschlagnahmen (vt)	кылмыштуу тартып алуу	kılmıʃtuu tartıp aluu
Droge (f)	баңгизат	baŋgizat
Waffe (f)	курал	kural
entwaffnen (vt)	куралсыздандыруу	kuralsızdandıruu
befehlen (vt)	буйрук берүү	bujruk beryy
verschwinden (vi)	жоголуп кетүү	dʒogolup ketyy
Gesetz (n)	мыйзам	mıjzam
gesetzlich	мыйзамдуу	mıjzamduu
ungesetzlich	мыйзамдан тыш	mıjzamdan tıʃ
Verantwortlichkeit (f)	жоопкерчилик	dʒoopkertʃilik
verantwortlich	жоопкерчиликтүү	dʒoopkertʃiliktyy

NATUR

Die Erde. Teil 1

122. Weltall

Deutsch	Kirgisisch (Kyrillisch)	Kirgisisch (Lateinisch)
Kosmos (m)	космос	kosmos
kosmisch, Raum-	космос	kosmos
Weltraum (m)	космос мейкиндиги	kosmos mejkindigi
All (n)	дүйнө	dyjnø
Universum (n)	аалам	aalam
Galaxie (f)	галактика	galaktika
Stern (m)	жылдыз	dʒıldız
Gestirn (n)	жылдыздар	dʒıldızdar
Planet (m)	планета	planeta
Satellit (m)	жолдош	dʒoldoʃ
Meteorit (m)	метеорит	meteorit
Komet (m)	комета	kometa
Asteroid (m)	астероид	asteroid
Umlaufbahn (f)	орбита	orbita
sich drehen	айлануу	ajlanuu
Atmosphäre (f)	атмосфера	atmosfera
Sonne (f)	күн	kyn
Sonnensystem (n)	күн системасы	kyn sistemasы
Sonnenfinsternis (f)	күндүн тутулушу	kyndyn tutuluʃu
Erde (f)	Жер	dʒer
Mond (m)	Ай	aj
Mars (m)	Марс	mars
Venus (f)	Венера	venera
Jupiter (m)	Юпитер	jupiter
Saturn (m)	Сатурн	saturn
Merkur (m)	Меркурий	merkurij
Uran (m)	Уран	uran
Neptun (m)	Нептун	neptun
Pluto (m)	Плутон	pluton
Milchstraße (f)	Саманчынын жолу	samantʃının dʒolu
Der Große Bär	Чоң Жетиген	tʃoŋ dʒetigen
Polarstern (m)	Полярдык Жылдыз	polʲardık dʒıldız
Marsbewohner (m)	марсианин	marsianin
Außerirdischer (m)	инопланетянин	inoplanetʲanin

| außerirdisches Wesen (n) | келгин | kelgin |
| fliegende Untertasse (f) | учуучу табак | utʃuutʃu tabak |

Raumschiff (n)	космос кемеси	kosmos kemesi
Raumstation (f)	орбитадагы станция	orbitadagı stantsija
Raketenstart (m)	старт	start

Triebwerk (n)	кыймылдаткыч	kıjmıldatkıtʃ
Düse (f)	сопло	soplo
Treibstoff (m)	күйүүчү май	kyjyytʃy may

Kabine (f)	кабина	kabina
Antenne (f)	антенна	antenna
Bullauge (n)	иллюминатор	illuminator
Sonnenbatterie (f)	күн батареясы	kyn batarejası
Raumanzug (m)	скафандр	skafandr

| Schwerelosigkeit (f) | салмаксыздык | salmaksızdık |
| Sauerstoff (m) | кислород | kislorod |

| Ankopplung (f) | жалгаштыруу | dʒalgaʃtıruu |
| koppeln (vi) | жалгаштыруу | dʒalgaʃtıruu |

Observatorium (n)	обсерватория	observatorija
Teleskop (n)	телескоп	teleskop
beobachten (vt)	байкоо	bajkoo
erforschen (vt)	изилдөө	izildøø

123. Die Erde

Erde (f)	Жер	dʒer
Erdkugel (f)	жер шары	dʒer ʃarı
Planet (m)	планета	planeta

Atmosphäre (f)	атмосфера	atmosfera
Geographie (f)	география	geografija
Natur (f)	табийгат	tabijgat

Globus (m)	глобус	globus
Landkarte (f)	карта	karta
Atlas (m)	атлас	atlas

| Europa (n) | Европа | evropa |
| Asien (n) | Азия | azija |

| Afrika (n) | Африка | afrika |
| Australien (n) | Австралия | avstralija |

Amerika (n)	Америка	amerika
Nordamerika (n)	Северная Америка	severnaja amerika
Südamerika (n)	Южная Америка	jɯdʒnaja amerika

| Antarktis (f) | Антарктида | antarktida |
| Arktis (f) | Арктика | arktika |

124. Himmelsrichtungen

Norden (m)	түндүк	tyndyk
nach Norden	түндүккө	tyndykkø
im Norden	түндүктө	tyndyktø
nördlich	түндүк	tyndyk
Süden (m)	түштүк	tyʃtyk
nach Süden	түштүккө	tyʃtykkø
im Süden	түштүктө	tyʃtyktø
südlich	түштүк	tyʃtyk
Westen (m)	батыш	batıʃ
nach Westen	батышка	batıʃka
im Westen	батышта	batıʃta
westlich, West-	батыш	batıʃ
Osten (m)	чыгыш	ʧıgıʃ
nach Osten	чыгышка	ʧıgıʃka
im Osten	чыгышта	ʧıgıʃta
östlich	чыгыш	ʧıgıʃ

125. Meer. Ozean

Meer (n), See (f)	деңиз	deŋiz
Ozean (m)	мухит	muχit
Golf (m)	булуң	buluŋ
Meerenge (f)	кысык	kısık
Festland (n)	жер	dʒer
Kontinent (m)	материк	materik
Insel (f)	арал	aral
Halbinsel (f)	жарым арал	dʒarım aral
Archipel (m)	архипелаг	arχipelag
Bucht (f)	булуң	buluŋ
Hafen (m)	гавань	gavanʲ
Lagune (f)	лагуна	laguna
Kap (n)	тумшук	tumʃuk
Atoll (n)	атолл	atoll
Riff (n)	риф	rif
Koralle (f)	маржан	mardʒan
Korallenriff (n)	маржан рифи	mardʒan rifi
tief (Adj)	терең	tereŋ
Tiefe (f)	терендик	tereŋdik
Abgrund (m)	түбү жок	tyby dʒok
Graben (m)	ойдуң	ojduŋ
Strom (m)	агым	agım
umspülen (vt)	курчап туруу	kurʧap turuu

| Ufer (n) | жээк | ʤeek |
| Küste (f) | жээк | ʤeek |

Flut (f)	суунун көтөрүлүшү	suunun kötörylyʃy
Ebbe (f)	суунун тартылуусу	suunun tartıluusu
Sandbank (f)	тайыздык	tajızdık
Boden (m)	суунун түбү	suunun tyby

Welle (f)	толкун	tolkun
Wellenkamm (m)	толкундун кыры	tolkundun kırı
Schaum (m)	көбүк	köbyk

Sturm (m)	бороон чапкын	boroon ʧapkın
Orkan (m)	бороон	boroon
Tsunami (m)	цунами	tsunami
Windstille (f)	штиль	ʃtilʲ
ruhig	тынч	tınʧ

| Pol (m) | уюл | ujʉl |
| Polar- | полярдык | polʲardık |

Breite (f)	кеңдик	keŋdik
Länge (f)	узундук	uzunduk
Breitenkreis (m)	параллель	parallelʲ
Äquator (m)	экватор	ekvator

Himmel (m)	асман	asman
Horizont (m)	горизонт	gorizont
Luft (f)	аба	aba

Leuchtturm (m)	маяк	majak
tauchen (vi)	сүңгүү	syŋgyy
versinken (vi)	чөгүп кетүү	ʧögyp ketyy
Schätze (pl)	казына	kazına

126. Namen der Meere und Ozeane

Atlantischer Ozean (m)	Атлантика мухити	atlantika muχiti
Indischer Ozean (m)	Индия мухити	indija muχiti
Pazifischer Ozean (m)	Тынч мухити	tınʧ muχiti
Arktischer Ozean (m)	Түндүк Муз мухити	tyndyk muz muχiti

Schwarzes Meer (n)	Кара деңиз	kara deŋiz
Rotes Meer (n)	Кызыл деңиз	kızıl deŋiz
Gelbes Meer (n)	Сары деңиз	sarı deŋiz
Weißes Meer (n)	Ак деңиз	ak deŋiz

Kaspisches Meer (n)	Каспий деңизи	kaspij deŋizi
Totes Meer (n)	Өлүк деңиз	ölyk deŋiz
Mittelmeer (n)	Жер Ортолук деңиз	ʤer ortoluk deŋiz

Ägäisches Meer (n)	Эгей деңизи	egej deŋizi
Adriatisches Meer (n)	Адриатика деңизи	adriatika deŋizi
Arabisches Meer (n)	Аравия деңизи	aravija deŋizi

Japanisches Meer (n)	Япон деңизи	japon deŋizi
Beringmeer (n)	Беринг деңизи	bering deŋizi
Südchinesisches Meer (n)	Түштүк-Кытай деңизи	tyʃtyk-kıtaj deŋizi
Korallenmeer (n)	Маржан деңизи	mardʒan deŋizi
Tasmansee (f)	Тасман деңизи	tasman deŋizi
Karibisches Meer (n)	Кариб деңизи	karib deŋizi
Barentssee (f)	Баренц деңизи	barents deŋizi
Karasee (f)	Карск деңизи	karsk deŋizi
Nordsee (f)	Түндүк деңиз	tyndyk deŋiz
Ostsee (f)	Балтика деңизи	baltika deŋizi
Nordmeer (n)	Норвегиялык деңизи	norvegijalık deŋizi

127. Berge

Berg (m)	тоо	too
Gebirgskette (f)	тоо тизмеги	too tizmegi
Bergrücken (m)	тоо кыркалары	too kırkaları

Gipfel (m)	чоку	tʃoku
Spitze (f)	чоку	tʃoku
Bergfuß (m)	тоо этеги	too etegi
Abhang (m)	эңкейиш	eŋkejiʃ

Vulkan (m)	вулкан	vulkan
tätiger Vulkan (m)	күйүп жаткан	kyjyp dʒatkan
schlafender Vulkan (m)	өчүп калган вулкан	øtʃyp kalgan vulkan

Ausbruch (m)	атырылып чыгуу	atırılıp tʃıguu
Krater (m)	кратер	krater
Magma (n)	магма	magma
Lava (f)	лава	lava
glühend heiß (-e Lava)	кызыган	kızıgan

Cañon (m)	каньон	kanjon
Schlucht (f)	капчыгай	kaptʃıgaj
Spalte (f)	жарака	dʒaraka
Abgrund (m) (steiler ~)	жар	dʒar

Gebirgspass (m)	ашуу	aʃuu
Plateau (n)	дөңсөө	døŋsøø
Fels (m)	зоока	zooka
Hügel (m)	дөбө	døbø

Gletscher (m)	муз	muz
Wasserfall (m)	шаркыратма	ʃarkıratma
Geiser (m)	гейзер	gejzer
See (m)	көл	køl

Ebene (f)	түздүк	tyzdyk
Landschaft (f)	теребел	terebel
Echo (n)	жаңырык	dʒaŋırık

Bergsteiger (m)	альпинист	alʲpinist
Kletterer (m)	скалолаз	skalolaz
bezwingen (vt)	багындыруу	bagındıruu
Aufstieg (m)	тоонун чокусуна чыгуу	toonun ʧokusuna ʧıguu

128. Namen der Berge

Alpen (pl)	Альп тоолору	alʲp tooloru
Montblanc (m)	Монблан	monblan
Pyrenäen (pl)	Пиреней тоолору	pirenej tooloru

Karpaten (pl)	Карпат тоолору	karpat tooloru
Uralgebirge (n)	Урал тоолору	ural tooloru
Kaukasus (m)	Кавказ тоолору	kavkaz tooloru
Elbrus (m)	Эльбрус	elʲbrus

Altai (m)	Алтай тоолору	altaj tooloru
Tian Shan (m)	Тянь-Шань	tjanʲ-ʃanʲ
Pamir (m)	Памир тоолору	pamir tooloru
Himalaja (m)	Гималай тоолору	gimalaj tooloru
Everest (m)	Эверест	everest

| Anden (pl) | Анд тоолору | and tooloru |
| Kilimandscharo (m) | Килиманджаро | kilimanʤaro |

129. Flüsse

Fluss (m)	дарыя	darıja
Quelle (f)	булак	bulak
Flussbett (n)	сай	saj
Stromgebiet (n)	бассейн	bassejn
einmünden in ...	... куюу	... kujuu

| Nebenfluss (m) | куйма | kujma |
| Ufer (n) | жээк | ʤeek |

Strom (m)	агым	agım
stromabwärts	агым боюнча	agım bojunʧa
stromaufwärts	агымга каршы	agımga karʃı

Überschwemmung (f)	ташкын	taʃkın
Hochwasser (n)	суу ташкыны	suu taʃkını
aus den Ufern treten	дайранын ташышы	dajranın taʃıʃı
überfluten (vt)	суу каптоо	suu kaptoo

| Sandbank (f) | тайыздык | tajızdık |
| Stromschnelle (f) | босого | bosogo |

Damm (m)	тогоон	togoon
Kanal (m)	канал	kanal
Stausee (m)	суу сактагыч	suu saktagıʧ
Schleuse (f)	шлюз	ʃluz

Gewässer (n)	көлмө	kølmø
Sumpf (m), Moor (n)	саз	saz
Marsch (f)	баткак	batkak
Strudel (m)	айлампа	ajlampa
Bach (m)	суу	suu
Trink- (z.B. Trinkwasser)	ичилчү суу	itʃiltʃy suu
Süß- (Wasser)	тузсуз	tuzsuz
Eis (n)	муз	muz
zufrieren (vi)	тоңуп калуу	toŋup kaluu

130. Namen der Flüsse

Seine (f)	Сена	sena
Loire (f)	Луара	luara
Themse (f)	Темза	temza
Rhein (m)	Рейн	rejn
Donau (f)	Дунай	dunaj
Wolga (f)	Волга	volga
Don (m)	Дон	don
Lena (f)	Лена	lena
Gelber Fluss (m)	Хуанхэ	χuanχe
Jangtse (m)	Янцзы	janʦzı
Mekong (m)	Меконг	mekong
Ganges (m)	Ганг	gang
Nil (m)	Нил	nil
Kongo (m)	Конго	kongo
Okavango (m)	Окаванго	okavango
Sambesi (m)	Замбези	zambezi
Limpopo (m)	Лимпопо	limpopo
Mississippi (m)	Миссисипи	missisipi

131. Wald

Wald (m)	токой	tokoj
Wald-	токойлуу	tokojluu
Dickicht (n)	чытырман токой	tʃıtırman tokoj
Gehölz (n)	токойчо	tokojtʃo
Lichtung (f)	аянт	ajant
Dickicht (n)	бадал	badal
Gebüsch (n)	бадал	badal
Fußweg (m)	чыйыр жол	tʃıjır dʒol
Erosionsrinne (f)	жар	dʒar
Baum (m)	дарак	darak

| Blatt (n) | жалбырак | dʒalbırak |
| Laub (n) | жалбырак | dʒalbırak |

Laubfall (m)	жалбырак түшүү мезгили	dʒalbırak tyʃyy mezgili
fallen (Blätter)	түшүү	tyʃyy
Wipfel (m)	чоку	tʃoku

Zweig (m)	бутак	butak
Ast (m)	бутак	butak
Knospe (f)	бүчүр	bytʃyr
Nadel (f)	ийне	ijne
Zapfen (m)	тобурчак	toburtʃak

Höhlung (f)	көңдөй	køŋdøj
Nest (n)	уя	uja
Höhle (f)	ийин	ijin

Stamm (m)	сөңгөк	søŋgøk
Wurzel (f)	тамыр	tamır
Rinde (f)	кыртыш	kırtıʃ
Moos (n)	мох	moχ

entwurzeln (vt)	дүмүрүн казуу	dymyryn kazuu
fällen (vt)	кыюу	kıjʉu
abholzen (vt)	токойду кыюу	tokojdu kıjʉu
Baumstumpf (m)	дүмүр	dymyr

Lagerfeuer (n)	от	ot
Waldbrand (m)	өрт	ørt
löschen (vt)	өчүрүү	øtʃyryy

Förster (m)	токойчу	tokojtʃu
Schutz (m)	өсүмдүктөрдү коргоо	øsymdyktørdy korgoo
beschützen (vt)	сактоо	saktoo
Wilddieb (m)	браконьер	brakonjer
Falle (f)	капкан	kapkan

sammeln (Pilze ~)	терүү	teryy
pflücken (Beeren ~)	терүү	teryy
sich verirren	адашып кетүү	adaʃıp ketyy

132. natürliche Lebensgrundlagen

Naturressourcen (pl)	жаратылыш байлыктары	dʒaratılıʃ bajlıktarı
Bodenschätze (pl)	пайдалуу кендер	pajdaluu kender
Vorkommen (n)	кен	ken
Feld (Ölfeld usw.)	кендүү жер	kendyy dʒer

gewinnen (vt)	казуу	kazuu
Gewinnung (f)	казуу	kazuu
Erz (n)	кен	ken
Bergwerk (n)	шахта	ʃaχta
Schacht (m)	шахта	ʃaχta
Bergarbeiter (m)	кенчи	kentʃi

| Erdgas (n) | газ | gaz |
| Gasleitung (f) | газопровод | gazoprovod |

Erdöl (n)	мунайзат	munajzat
Erdölleitung (f)	мунайзар түтүгү	munajzar tytygy
Ölquelle (f)	мунайзат скважинасы	munajzat skvadʒinasɩ
Bohrturm (m)	мунайзат мунарасы	munajzat munarasɩ
Tanker (m)	танкер	tanker

Sand (m)	кум	kum
Kalkstein (m)	акиташ	akitaʃ
Kies (m)	шагыл	ʃagɩl
Torf (m)	торф	torf
Ton (m)	ылай	ɩlaj
Kohle (f)	көмүр	kømyr

Eisen (n)	темир	temir
Gold (n)	алтын	altɩn
Silber (n)	күмүш	kymyʃ
Nickel (n)	никель	nikelʲ
Kupfer (n)	жез	dʒez

Zink (n)	цинк	tsɩnk
Mangan (n)	марганец	marganets
Quecksilber (n)	сымап	sɩmap
Blei (n)	коргошун	korgoʃun

Mineral (n)	минерал	mineral
Kristall (m)	кристалл	kristall
Marmor (m)	мрамор	mramor
Uran (n)	уран	uran

Die Erde. Teil 2

133. Wetter

Wetter (n)	аба-ырайы	aba-ıraji
Wetterbericht (m)	аба-ырайы боюнча маалымат	aba-ıraji bojuntʃa maalımat
Temperatur (f)	температура	temperatura
Thermometer (n)	термометр	termometr
Barometer (n)	барометр	barometr
feucht	нымдуу	nımduu
Feuchtigkeit (f)	ным	nım
Hitze (f)	ысык	ısık
glutheiß	кыйын ысык	kıjın ısık
ist heiß	ысык	ısık
ist warm	жылуу	dʒıluu
warm (Adj)	жылуу	dʒıluu
ist kalt	суук	suuk
kalt (Adj)	суук	suuk
Sonne (f)	күн	kyn
scheinen (vi)	күн тийүү	kyn tijyy
sonnig (Adj)	күн ачык	kyn atʃık
aufgehen (vi)	чыгуу	tʃıguu
untergehen (vi)	батуу	batuu
Wolke (f)	булут	bulut
bewölkt, wolkig	булуттуу	buluttuu
Regenwolke (f)	булут	bulut
trüb (-er Tag)	күн бүркөк	kyn byrkøk
Regen (m)	жамгыр	dʒamgır
Es regnet	жамгыр жаап жатат	dʒamgır dʒaap dʒatat
regnerisch (-er Tag)	жаандуу	dʒaanduu
nieseln (vi)	дыбыратуу	dıbıratuu
strömender Regen (m)	нөшөрлөгөн жаан	nøʃørløgøn dʒaan
Regenschauer (m)	нөшөр	nøʃør
stark (-er Regen)	катуу	katuu
Pfütze (f)	көлчүк	køltʃyk
nass werden (vi)	суу болуу	suu boluu
Nebel (m)	туман	tuman
neblig (-er Tag)	тумандуу	tumanduu
Schnee (m)	кар	kar
Es schneit	кар жаап жатат	kar dʒaap dʒatat

134. Unwetter Naturkatastrophen

Deutsch	Kirgisisch	Transkription
Gewitter (n)	чагылгандуу жаан	tʃagılganduu dʒaan
Blitz (m)	чагылган	tʃagılgan
blitzen (vi)	жарк этүү	dʒark etyy
Donner (m)	күн күркүрөө	kyn kyrkyrøø
donnern (vi)	күн күркүрөө	kyn kyrkyrøø
Es donnert	күн күркүрөп жатат	kyn kyrkyrøp dʒatat
Hagel (m)	мөндүр	møndyr
Es hagelt	мөндүр түшүп жатат	møndyr tyʃyp dʒatat
überfluten (vt)	суу каптоо	suu kaptoo
Überschwemmung (f)	ташкын	taʃkın
Erdbeben (n)	жер титирөө	dʒer titirøø
Erschütterung (f)	жердин силкиниши	dʒerdin silkiniʃi
Epizentrum (n)	эпицентр	epitsentr
Ausbruch (m)	атырылып чыгуу	atırılıp tʃıguu
Lava (f)	лава	lava
Wirbelsturm (m)	куюн	kujʉn
Tornado (m)	торнадо	tornado
Taifun (m)	тайфун	tajfun
Orkan (m)	бороон	boroon
Sturm (m)	бороон чапкын	boroon tʃapkın
Tsunami (m)	цунами	tsunami
Zyklon (m)	циклон	tsıklon
Unwetter (n)	жаан-чачындуу күн	dʒaan-tʃatʃınduu kyn
Brand (m)	өрт	ørt
Katastrophe (f)	кыйроо	kıjroo
Meteorit (m)	метеорит	meteorit
Lawine (f)	көчкү	køtʃky
Schneelawine (f)	кар көчкүсү	kar køtʃkysy
Schneegestöber (n)	кар бороону	kar boroonu
Schneesturm (m)	бурганак	burganak

Fauna

135. Säugetiere. Raubtiere

Raubtier (n)	жырткыч	dʒɪrtkɪtʃ
Tiger (m)	жолборс	dʒolbors
Löwe (m)	арстан	arstan
Wolf (m)	карышкыр	karıʃkır
Fuchs (m)	түлкү	tylky

Jaguar (m)	ягуар	jaguar
Leopard (m)	леопард	leopard
Gepard (m)	гепард	gepard

Panther (m)	пантера	pantera
Puma (m)	пума	puma
Schneeleopard (m)	илбирс	ilbirs
Luchs (m)	сүлөөсүн	syløøsyn

Kojote (m)	койот	kojot
Schakal (m)	чөө	tʃøø
Hyäne (f)	гиена	giena

136. Tiere in freier Wildbahn

| Tier (n) | жаныбар | dʒanıbar |
| Bestie (f) | жапайы жаныбар | dʒapajı dʒanıbar |

Eichhörnchen (n)	тыйын чычкан	tıjın tʃıtʃkan
Igel (m)	кирпичечен	kirpitʃetʃen
Hase (m)	коён	koen
Kaninchen (n)	коён	koen

Dachs (m)	кашкулак	kaʃkulak
Waschbär (m)	енот	enot
Hamster (m)	хомяк	χomʲak
Murmeltier (n)	суур	suur

Maulwurf (m)	момолой	momoloj
Maus (f)	чычкан	tʃıtʃkan
Ratte (f)	келемиш	kelemiʃ
Fledermaus (f)	жарганат	dʒarganat

Hermelin (n)	арс чычкан	ars tʃıtʃkan
Zobel (m)	киш	kiʃ
Marder (m)	суусар	suusar
Wiesel (n)	ласка	laska
Nerz (m)	норка	norka

Biber (m)	кемчет	kemtʃet
Fischotter (m)	кундуз	kunduz
Pferd (n)	жылкы	ʤɪlkɪ
Elch (m)	багыш	bagɪʃ
Hirsch (m)	бугу	bugu
Kamel (n)	төө	tøø
Bison (m)	бизон	bizon
Wisent (m)	зубр	zubr
Büffel (m)	буйвол	bujvol
Zebra (n)	зебра	zebra
Antilope (f)	антилопа	antilopa
Reh (n)	элик	elik
Damhirsch (m)	лань	lanʲ
Gämse (f)	жейрен	ʤejren
Wildschwein (n)	каман	kaman
Wal (m)	кит	kit
Seehund (m)	тюлень	tʉlenʲ
Walroß (n)	морж	morʤ
Seebär (m)	деңиз мышыгы	deŋiz mɪʃɪgɪ
Delfin (m)	дельфин	delʲfin
Bär (m)	аюу	ajʉu
Eisbär (m)	ак аюу	ak ajʉu
Panda (m)	панда	panda
Affe (m)	маймыл	majmɪl
Schimpanse (m)	шимпанзе	ʃimpanze
Orang-Utan (m)	орангутанг	orangutang
Gorilla (m)	горилла	gorilla
Makak (m)	макака	makaka
Gibbon (m)	гиббон	gibbon
Elefant (m)	пил	pil
Nashorn (n)	керик	kerik
Giraffe (f)	жираф	ʤiraf
Flusspferd (n)	бегемот	begemot
Känguru (n)	кенгуру	kenguru
Koala (m)	коала	koala
Manguste (f)	мангуст	mangust
Chinchilla (n)	шиншилла	ʃinʃilla
Stinktier (m)	скунс	skuns
Stachelschwein (n)	чүткөр	tʃytkør

137. Haustiere

Katze (f)	ургаачы мышык	urgaatʃɪ mɪʃɪk
Kater (m)	эркек мышык	erkek mɪʃɪk
Hund (m)	ит	it

Pferd (n)	жылкы	dʒılkı
Hengst (m)	айгыр	ajgır
Stute (f)	бээ	bee
Kuh (f)	уй	uj
Stier (m)	бука	buka
Ochse (m)	өгүз	øgyz
Schaf (n)	кой	koj
Widder (m)	кочкор	kotʃkor
Ziege (f)	эчки	etʃki
Ziegenbock (m)	теке	teke
Esel (m)	эшек	eʃek
Maultier (n)	качыр	katʃır
Schwein (n)	чочко	tʃotʃko
Ferkel (n)	торопой	toropoj
Kaninchen (n)	коен	koen
Huhn (n)	тоок	took
Hahn (m)	короз	koroz
Ente (f)	өрдөк	ørdøk
Enterich (m)	эркек өрдөк	erkek ørdøk
Gans (f)	каз	kaz
Puter (m)	күрп	kyrp
Pute (f)	ургаачы күрп	urgaatʃı kyrp
Haustiere (pl)	үй жаныбарлары	yj dʒanıbarları
zahm	колго үйрөтүлгөн	kolgo yjrøtylgøn
zähmen (vt)	колго үйрөтүү	kolgo yjrøtyy
züchten (vt)	өстүрүү	østyryy
Farm (f)	ферма	ferma
Geflügel (n)	үй канаттулары	yj kanattuları
Vieh (n)	мал	mal
Herde (f)	бада	bada
Pferdestall (m)	аткана	atkana
Schweinestall (m)	чочкокана	tʃotʃkokana
Kuhstall (m)	уйкана	ujkana
Kaninchenstall (m)	коенкана	koenkana
Hühnerstall (m)	тооокана	tookana

138. Vögel

Vogel (m)	куш	kuʃ
Taube (f)	көгүчкөн	køgytʃkøn
Spatz (m)	таранчы	tarantʃı
Meise (f)	синица	sinitsa
Elster (f)	сагызган	sagızgan
Rabe (m)	кузгун	kuzgun

Krähe (f)	карга	karga
Dohle (f)	таан	taan
Saatkrähe (f)	чаркарга	tʃarkarga
Ente (f)	өрдөк	ørdøk
Gans (f)	каз	kaz
Fasan (m)	кыргоол	kırgool
Adler (m)	бүркүт	byrkyt
Habicht (m)	итэлги	itelgi
Falke (m)	шумкар	ʃumkar
Greif (m)	жору	dʒoru
Kondor (m)	кондор	kondor
Schwan (m)	аккуу	akkuu
Kranich (m)	турна	turna
Storch (m)	илегилек	ilegilek
Papagei (m)	тотукуш	totukuʃ
Kolibri (m)	колибри	kolibri
Pfau (m)	тоос	toos
Strauß (m)	төө куш	tøø kuʃ
Reiher (m)	көк кытан	køk kıtan
Flamingo (m)	фламинго	flamingo
Pelikan (m)	биргазан	birgazan
Nachtigall (f)	булбул	bulbul
Schwalbe (f)	чабалекей	tʃabalekej
Drossel (f)	таркылдак	tarkıldak
Singdrossel (f)	сайрагыч таркылдак	sajragıtʃ tarkıldak
Amsel (f)	кара таңдай таркылдак	kara taŋdaj tarkıldak
Segler (m)	кардыгач	kardıgatʃ
Lerche (f)	торгой	torgoj
Wachtel (f)	бөдөнө	bødønø
Specht (m)	тоңкулдак	toŋkuldak
Kuckuck (m)	күкүк	kykyk
Eule (f)	мыкый үкү	mıkıj yky
Uhu (m)	үкү	yky
Auerhahn (m)	керең кур	kereŋ kur
Birkhahn (m)	кара кур	kara kur
Rebhuhn (n)	кекилик	kekilik
Star (m)	чыйырчык	tʃıjırtʃık
Kanarienvogel (m)	канарейка	kanarejka
Haselhuhn (n)	токой чили	tokoj tʃili
Buchfink (m)	зяблик	zʲablik
Gimpel (m)	снегирь	snegirʲ
Möwe (f)	ак чардак	ak tʃardak
Albatros (m)	альбатрос	alʲbatros
Pinguin (m)	пингвин	pingvin

139. Fische. Meerestiere

Brachse (f)	лещ	leʃtʃ
Karpfen (m)	карп	karp
Barsch (m)	окунь	okunʲ
Wels (m)	жаян	dʒajan
Hecht (m)	чортон	tʃorton

Lachs (m)	лосось	lososʲ
Stör (m)	осётр	osʲotr

Hering (m)	сельдь	selʲdʲ
atlantische Lachs (m)	сёмга	sʲomga
Makrele (f)	скумбрия	skumbrija
Scholle (f)	камбала	kambala

Zander (m)	судак	sudak
Dorsch (m)	треска	treska
Tunfisch (m)	тунец	tunets
Forelle (f)	форель	forelʲ

Aal (m)	угорь	ugorʲ
Zitterrochen (m)	скат	skat
Muräne (f)	мурена	murena
Piranha (m)	пиранья	piranja

Hai (m)	акула	akula
Delfin (m)	дельфин	delʲfin
Wal (m)	кит	kit

Krabbe (f)	краб	krab
Meduse (f)	медуза	meduza
Krake (m)	сегиз бут	segiz but

Seestern (m)	деңиз жылдызы	deŋiz dʒɨldɨzɨ
Seeigel (m)	деңиз кирписи	deŋiz kirpisi
Seepferdchen (n)	деңиз тайы	deŋiz tajɨ

Auster (f)	устрица	ustritsa
Garnele (f)	креветка	krevetka
Hummer (m)	омар	omar
Languste (f)	лангуст	langust

140. Amphibien Reptilien

Schlange (f)	жылан	dʒɨlan
Gift-, giftig	уулуу	uuluu

Viper (f)	кара чаар жылан	kara tʃaar dʒɨlan
Kobra (f)	кобра	kobra
Python (m)	питон	piton
Boa (f)	удав	udav
Ringelnatter (f)	сары жылан	sarɨ dʒɨlan

Klapperschlange (f)	шакылдак жылан	ʃakıldak dʒılan
Anakonda (f)	анаконда	anakonda

Eidechse (f)	кескелдирик	keskeldirik
Leguan (m)	игуана	iguana
Waran (m)	эчкемер	etʃkemer
Salamander (m)	саламандра	salamandra
Chamäleon (n)	хамелеон	χameleon
Skorpion (m)	чаян	tʃajan

Schildkröte (f)	ташбака	taʃbaka
Frosch (m)	бака	baka
Kröte (f)	курбака	kurbaka
Krokodil (n)	крокодил	krokodil

141. Insekten

Insekt (n)	курт-кумурска	kurt-kumurska
Schmetterling (m)	көпөлөк	køpøløk
Ameise (f)	кумурска	kumurska
Fliege (f)	чымын	tʃımın
Mücke (f)	чиркей	tʃirkej
Käfer (m)	коңуз	koŋuz

Wespe (f)	аары	aarı
Biene (f)	бал аары	bal aarı
Hummel (f)	жапан аары	dʒapan aarı
Bremse (f)	көгөөн	køgøøn

Spinne (f)	жөргөмүш	dʒørgømyʃ
Spinnennetz (n)	желе	dʒele

Libelle (f)	ийнелик	ijnelik
Grashüpfer (m)	чегиртке	tʃegirtke
Schmetterling (m)	көпөлөк	køpøløk

Schabe (f)	таракан	tarakan
Zecke (f)	кене	kene
Floh (m)	бүргө	byrgø
Kriebelmücke (f)	майда чымын	majda tʃımın

Heuschrecke (f)	чегиртке	tʃegirtke
Schnecke (f)	үлүл	ylyl
Heimchen (n)	кара чегиртке	kara tʃegirtke
Leuchtkäfer (m)	жалтырак коңуз	dʒaltırak koŋuz
Marienkäfer (m)	айланкөчөк	ajlankøtʃøk
Maikäfer (m)	саратан коңуз	saratan koŋuz

Blutegel (m)	сүлүк	sylyk
Raupe (f)	каз таман	kaz taman
Wurm (m)	жер курту	dʒer kurtu
Larve (f)	курт	kurt

Flora

142. Bäume

Baum (m)	дарак	darak
Laub-	жалбырактуу	dʒalbıraktuu
Nadel-	ийне жалбырактуулар	ijne dʒalbıraktuular
immergrün	дайым жашыл	dajım dʒaʃıl

Apfelbaum (m)	алма бак	alma bak
Birnbaum (m)	алмурут бак	almurut bak
Süßkirschbaum (m)	гилас	gilas
Sauerkirschbaum (m)	алча	altʃa
Pflaumenbaum (m)	кара өрүк	kara øryk

Birke (f)	ак кайың	ak kajıŋ
Eiche (f)	эмен	emen
Linde (f)	жөкө дарак	dʒøkø darak
Espe (f)	бай терек	baj terek
Ahorn (m)	клён	klʲon
Fichte (f)	кара карагай	kara karagaj
Kiefer (f)	карагай	karagaj
Lärche (f)	лиственница	listvennitsa
Tanne (f)	пихта	piχta
Zeder (f)	кедр	kedr

Pappel (f)	терек	terek
Vogelbeerbaum (m)	четин	tʃetin
Weide (f)	мажүрүм тал	madʒyrym tal
Erle (f)	ольха	olʲχa
Buche (f)	бук	buk
Ulme (f)	кара жыгач	kara dʒıgatʃ
Esche (f)	ясень	jasenʲ
Kastanie (f)	каштан	kaʃtan

Magnolie (f)	магнолия	magnolija
Palme (f)	пальма	palʲma
Zypresse (f)	кипарис	kiparis

Mangrovenbaum (m)	мангро дарагы	mangro daragı
Baobab (m)	баобаб	baobab
Eukalyptus (m)	эвкалипт	evkalipt
Mammutbaum (m)	секвойя	sekvoja

143. Büsche

Strauch (m)	бадал	badal
Gebüsch (n)	бадал	badal

| Weinstock (m) | жүзүм | dʒyzym |
| Weinberg (m) | жүзүмдүк | dʒyzymdyk |

Himbeerstrauch (m)	дан куурай	dan kuuraj
schwarze Johannisbeere (f)	кара карагат	kara karagat
rote Johannisbeere (f)	кызыл карагат	kızıl karagat
Stachelbeerstrauch (m)	крыжовник	krıdʒovnik

Akazie (f)	акация	akatsija
Berberitze (f)	бөрү карагат	børy karagat
Jasmin (m)	жасмин	dʒasmin

Wacholder (m)	кара арча	kara artʃa
Rosenstrauch (m)	роза бадалы	roza badalı
Heckenrose (f)	ит мурун	it murun

144. Obst. Beeren

| Frucht (f) | мөмө-жемиш | mømø-dʒemiʃ |
| Früchte (pl) | мөмө-жемиш | mømø-dʒemiʃ |

Apfel (m)	алма	alma
Birne (f)	алмурут	almurut
Pflaume (f)	кара өрүк	kara øryk

Erdbeere (f)	кулпунай	kulpunaj
Sauerkirsche (f)	алча	altʃa
Süßkirsche (f)	гилас	gilas
Weintrauben (pl)	жүзүм	dʒyzym

Himbeere (f)	дан куурай	dan kuuraj
schwarze Johannisbeere (f)	кара карагат	kara karagat
rote Johannisbeere (f)	кызыл карагат	kızıl karagat
Stachelbeere (f)	крыжовник	krıdʒovnik
Moosbeere (f)	клюква	klʉkva

Apfelsine (f)	апельсин	apelʲsin
Mandarine (f)	мандарин	mandarin
Ananas (f)	ананас	ananas
Banane (f)	банан	banan
Dattel (f)	курма	kurma

Zitrone (f)	лимон	limon
Aprikose (f)	өрүк	øryk
Pfirsich (m)	шабдаалы	ʃabdaalı

| Kiwi (f) | киви | kivi |
| Grapefruit (f) | грейпфрут | grejpfrut |

Beere (f)	жер жемиш	dʒer dʒemiʃ
Beeren (pl)	жер жемиштер	dʒer dʒemiʃter
Preiselbeere (f)	брусника	brusnika
Walderdbeere (f)	кызылгат	kızılgat
Heidelbeere (f)	кара моюл	kara mojʉl

145. Blumen. Pflanzen

| Blume (f) | гүл | gyl |
| Blumenstrauß (m) | десте | deste |

Rose (f)	роза	roza
Tulpe (f)	жоогазын	dʒoogazın
Nelke (f)	гвоздика	gvozdika
Gladiole (f)	гладиолус	gladiolus

Kornblume (f)	ботокөз	botokøz
Glockenblume (f)	коңгуроо гүл	koŋguroo gyl
Löwenzahn (m)	каакым-кукум	kaakım-kukum
Kamille (f)	ромашка	romaʃka

Aloe (f)	алоэ	aloe
Kaktus (m)	кактус	kaktus
Gummibaum (m)	фикус	fikus

Lilie (f)	лилия	lilija
Geranie (f)	герань	geranʲ
Hyazinthe (f)	гиацинт	giatsint

Mimose (f)	мимоза	mimoza
Narzisse (f)	нарцисс	nartsiss
Kapuzinerkresse (f)	настурция	nasturtsija

Orchidee (f)	орхидея	orχideja
Pfingstrose (f)	пион	pion
Veilchen (n)	бинапша	binapʃa

Stiefmütterchen (n)	алагүл	alagyl
Vergissmeinnicht (n)	незабудка	nezabudka
Gänseblümchen (n)	маргаритка	margaritka

Mohn (m)	кызгалдак	kızgaldak
Hanf (m)	наша	naʃa
Minze (f)	жалбыз	dʒalbız

| Maiglöckchen (n) | ландыш | landıʃ |
| Schneeglöckchen (n) | байчечекей | bajtʃetʃekej |

Brennnessel (f)	чалкан	tʃalkan
Sauerampfer (m)	ат кулак	at kulak
Seerose (f)	чөмүч баш	tʃømytʃ baʃ
Farn (m)	папоротник	paporotnik
Flechte (f)	лишайник	liʃajnik

Gewächshaus (n)	күнөскана	kynøskana
Rasen (m)	газон	gazon
Blumenbeet (n)	клумба	klumba

Pflanze (f)	өсүмдүк	øsymdyk
Gras (n)	чөп	tʃøp
Grashalm (m)	бир тал чөп	bir tal tʃøp

Blatt (n)	жалбырak	dʒalbırak
Blütenblatt (n)	гүлдүн желекчеси	gyldyn dʒelektʃesi
Stiel (m)	сабак	sabak
Knolle (f)	жемиш тамыр	dʒemiʃ tamır
Jungpflanze (f)	өсмө	øsmø
Dorn (m)	тикен	tiken
blühen (vi)	гүлдөө	gyldøø
welken (vi)	соолуу	sooluu
Geruch (m)	жыт	dʒıt
abschneiden (vt)	кесүү	kesyy
pflücken (vt)	үзүү	yzyy

146. Getreide, Körner

Getreide (n)	дан	dan
Getreidepflanzen (pl)	дан эгиндери	dan eginderi
Ähre (f)	машак	maʃak
Weizen (m)	буудай	buudaj
Roggen (m)	кара буудай	kara buudaj
Hafer (m)	сулу	sulu
Hirse (f)	таруу	taruu
Gerste (f)	арпа	arpa
Mais (m)	жүгөрү	dʒygøry
Reis (m)	күрүч	kyrytʃ
Buchweizen (m)	гречиха	gretʃixa
Erbse (f)	нокот	nokot
weiße Bohne (f)	төө буурчак	tøø buurtʃak
Sojabohne (f)	соя	soja
Linse (f)	жасмык	dʒasmık
Bohnen (pl)	буурчак	buurtʃak

LÄNDER. NATIONALITÄTEN

147. Westeuropa

Europa (n)	Европа	evropa
Europäische Union (f)	Европа Биримдиги	evropa birimdigi
Österreich	Австрия	avstrija
Großbritannien	Улуу Британия	uluu britanija
England	Англия	anglija
Belgien	Бельгия	belʲgija
Deutschland	Германия	germanija
Niederlande (f)	Нидерланддар	niderlanddar
Holland (n)	Голландия	gollandija
Griechenland	Греция	gretsija
Dänemark	Дания	danija
Irland	Ирландия	irlandija
Island	Исландия	islandija
Spanien	Испания	ispanija
Italien	Италия	italija
Zypern	Кипр	kipr
Malta	Мальта	malʲta
Norwegen	Норвегия	norvegija
Portugal	Португалия	portugalija
Finnland	Финляндия	finlʲandija
Frankreich	Франция	frantsija
Schweden	Швеция	ʃvetsija
Schweiz (f)	Швейцария	ʃvejtsarija
Schottland	Шотландия	ʃotlandija
Vatikan (m)	Ватикан	vatikan
Liechtenstein	Лихтенштейн	liχtenʃtejn
Luxemburg	Люксембург	lʉksemburg
Monaco	Монако	monako

148. Mittel- und Osteuropa

Albanien	Албания	albanija
Bulgarien	Болгария	bolgarija
Ungarn	Венгрия	vengrija
Lettland	Латвия	latvija
Litauen	Литва	litva
Polen	Польша	polʲʃa

Rumänien	Румыния	rumınija
Serbien	Сербия	serbija
Slowakei (f)	Словакия	slovakija

Kroatien	Хорватия	χorvatija
Tschechien	Чехия	ʧeχija
Estland	Эстония	estonija

Bosnien und Herzegowina	Босния жана	bosnija ʤana
Makedonien	Македония	makedonija
Slowenien	Словения	slovenija
Montenegro	Черногория	ʧernogorija

149. Frühere UdSSR Republiken

| Aserbaidschan | Азербайжан | azerbajdʒan |
| Armenien | Армения | armenija |

Weißrussland	Беларусь	belarusʲ
Georgien	Грузия	gruzija
Kasachstan	Казакстан	kazakstan
Kirgisien	Кыргызстан	kırgızstan
Moldawien	Молдова	moldova

| Russland | Россия | rossija |
| Ukraine (f) | Украина | ukraina |

Tadschikistan	Тажикистан	tadʒikistan
Turkmenistan	Туркмения	turkmenija
Usbekistan	Өзбекистан	øzbekistan

150. Asien

Asien	Азия	azija
Vietnam	Вьетнам	vjetnam
Indien	Индия	indija
Israel	Израиль	izrailʲ

China	Кытай	kıtaj
Libanon (m)	Ливан	livan
Mongolei (f)	Монголия	mongolija

| Malaysia | Малазия | malazija |
| Pakistan | Пакистан | pakistan |

Saudi-Arabien	Сауд Аравиясы	saud aravijası
Thailand	Таиланд	tailand
Taiwan	Тайвань	tajvanʲ
Türkei (f)	Туркия	tyrkija
Japan	Япония	japonija
Afghanistan	Ооганстан	ooganstan
Bangladesch	Бангладеш	bangladeʃ

| Indonesien | Индонезия | indonezija |
| Jordanien | Иордания | iordanija |

Irak	Ирак	irak
Iran	Иран	iran
Kambodscha	Камбожа	kambodʒa
Kuwait	Кувейт	kuvejt

Laos	Лаос	laos
Myanmar	Мьянма	mjanma
Nepal	Непал	nepal
Vereinigten Arabischen Emirate	Бириккен Араб Эмираттары	birikken arab emirattarı

| Syrien | Сирия | sirija |
| Palästina | Палестина | palestina |

| Südkorea | Түштүк Корея | tyʃtyk koreja |
| Nordkorea | Түндүк Корея | tundyk koreja |

151. Nordamerika

Die Vereinigten Staaten	Америка Кошмо Штаттары	amerika koʃmo ʃtattarı
Kanada	Канада	kanada
Mexiko	Мексика	meksika

152. Mittel- und Südamerika

Argentinien	Аргентина	argentina
Brasilien	Бразилия	brazilija
Kolumbien	Колумбия	kolumbija

| Kuba | Куба | kuba |
| Chile | Чили | tʃili |

| Bolivien | Боливия | bolivija |
| Venezuela | Венесуэла | venesuela |

| Paraguay | Парагвай | paragvaj |
| Peru | Перу | peru |

Suriname	Суринам	surinam
Uruguay	Уругвай	urugvaj
Ecuador	Эквадор	ekvador

| Die Bahamas | Багам аралдары | bagam araldarı |
| Haiti | Гаити | gaiti |

Dominikanische Republik	Доминикан Республикасы	dominikan respublikası
Panama	Панама	panama
Jamaika	Ямайка	jamajka

153. Afrika

Ägypten	Египет	egipet
Marokko	Марокко	marokko
Tunesien	Тунис	tunis
Ghana	Гана	gana
Sansibar	Занзибар	zanzibar
Kenia	Кения	kenija
Libyen	Ливия	livija
Madagaskar	Мадагаскар	madagaskar
Namibia	Намибия	namibija
Senegal	Сенегал	senegal
Tansania	Танзания	tanzanija
Republik Südafrika	ТАР	tar

154. Australien. Ozeanien

Australien	Австралия	avstralija
Neuseeland	Жаңы Зеландия	dʒaŋı zelandija
Tasmanien	Тасмания	tasmanija
Französisch-Polynesien	Француз Полинезиясы	frantsuz polinezijası

155. Städte

Amsterdam	Амстердам	amsterdam
Ankara	Анкара	ankara
Athen	Афина	afina
Bagdad	Багдад	bagdad
Bangkok	Бангкок	bangkok
Barcelona	Барселона	barselona
Beirut	Бейрут	bejrut
Berlin	Берлин	berlin
Bombay	Бомбей	bombej
Bonn	Бонн	bonn
Bordeaux	Бордо	bordo
Bratislava	Братислава	bratislava
Brüssel	Брюссель	brusselʲ
Budapest	Будапешт	budapeʃt
Bukarest	Бухарест	buxarest
Chicago	Чикаго	tʃikago
Daressalam	Дар-эс-Салам	dar-es-salam
Delhi	Дели	deli
Den Haag	Гаага	gaaga
Dubai	Дубай	dubaj
Dublin	Дублин	dublin

Düsseldorf	Дюссельдорф	dussel'dorf
Florenz	Флоренция	florentsija
Frankfurt	Франкфурт	frankfurt
Genf	Женева	dʒeneva

Hamburg	Гамбург	gamburg
Hanoi	Ханой	χanoj
Havanna	Гавана	gavana
Helsinki	Хельсинки	χel'sinki
Hiroshima	Хиросима	χirosima
Hongkong	Гонконг	gonkong
Istanbul	Стамбул	stambul
Jerusalem	Иерусалим	ierusalim

Kairo	Каир	kair
Kalkutta	Калькутта	kal'kutta
Kiew	Киев	kiev
Kopenhagen	Копенгаген	kopengagen
Kuala Lumpur	Куала-Лумпур	kuala-lumpur

Lissabon	Лиссабон	lissabon
London	Лондон	london
Los Angeles	Лос-Анджелес	los-andʒeles
Lyon	Лион	lion

Madrid	Мадрид	madrid
Marseille	Марсель	marsel'
Mexiko-Stadt	Мехико	meχiko
Miami	Майями	majami
Montreal	Монреаль	monreal'
Moskau	Москва	moskva
München	Мюнхен	munχen

Nairobi	Найроби	najrobi
Neapel	Неаполь	neapol'
New York	Нью-Йорк	nju-jork
Nizza	Ницца	nitstsa
Oslo	Осло	oslo
Ottawa	Оттава	ottava

Paris	Париж	paridʒ
Peking	Пекин	pekin
Prag	Прага	praga
Rio de Janeiro	Рио-де-Жанейро	rio-de-dʒanejro
Rom	Рим	rim

Sankt Petersburg	Санкт-Петербург	sankt-peterburg
Schanghai	Шанхай	ʃanχaj
Seoul	Сеул	seul
Singapur	Сингапур	singapur
Stockholm	Стокгольм	stokgol'm
Sydney	Сидней	sidnej

Taipeh	Тайпей	tajpej
Tokio	Токио	tokio
Toronto	Торонто	toronto

Venedig	Венеция	venetsija
Warschau	Варшава	varʃava
Washington	Вашингтон	waʃington
Wien	Вена	vena

www.ingramcontent.com/pod-product-compliance
Lightning Source LLC
Chambersburg PA
CBHW070604050426
42450CB00011B/2975